最新法律文件解读丛书

行政与执行法律文件解读

XINGZHENG YU ZHIXING FALÜ WENJIAN JIEDU

人民法院出版社　编

总第232辑　2024.04

人民法院出版社

图书在版编目（CIP）数据

行政与执行法律文件解读. 总第232辑 / 人民法院出版社编. -- 北京 : 人民法院出版社, 2024. 8. -- (最新法律文件解读丛书). -- ISBN 978-7-5109-4191-7

Ⅰ. D922.105

中国国家版本馆CIP数据核字第2024RC5904号

行政与执行法律文件解读 · 总第232辑

人民法院出版社　编

责任编辑　赵杰琼
出版发行　人民法院出版社
地　　址　北京市东城区东交民巷27号　邮编　100745
电　　话　(010)67550656(责任编辑)　67550558(发行部查询)
　　　　　　65223677(读者服务部)
客服QQ　2092078039
网　　址　http://www.courtbook.com.cn
E - mail　courtbook@sina.com
印　　刷　三河市国英印务有限公司
经　　销　新华书店
开　　本　787毫米×1092毫米　1/16
字　　数　115千字
印　　张　8
版　　次　2024年8月第1版　　2024年8月第1次印刷
书　　号　ISBN 978-7-5109-4191-7
定　　价　28.00元

卷首语

公平竞争审查制度的实施，对于规范行政机关和法律、法规授权的具有管理公共事务职能的组织的行为，防止滥用行政权力排除限制竞争，维护公平竞争市场秩序和经营者合法权益发挥了积极作用。为了规范公平竞争审查工作，促进市场公平竞争，优化营商环境，建设全国统一大市场，2024 年 6 月 6 日，国务院公布了《公平竞争审查条例》（以下简称《条例》）。本辑重点收录了《条例》及其答记者问，答记者问主要就《条例》的出台背景、总体思路、公平竞争审查的主体和范围等方面作了详细解读，以便读者学习、理解、适用《条例》。

在本辑“指导案例、典型案例与解读”栏目，重点收录了《最高人民检察院关于印发最高人民检察院第五十一批指导性案例的通知》，供检察机关办理生效行政裁判监督案件参照适用。此外，本栏目还收录了《最高人民检察院关于印发〈文物和文化遗产保护检察公益诉讼典型案例〉的通知》及其答记者问，答记者问主要就该批案例的特点、检察机关经验做法、下一步的工作部署等方面展开解读，有助于引导各级检察机关贯彻落实习近平法治思想和习近平文化思想，充分发挥公益诉讼检察职能，以法治力量服务文化强国建设。同时，本栏目收录了《上海市高级人民法院发布防范当事人滥用执行异议程序规避执行十大典型案例》。该批案例集中反映了上海市司法实践中滥用执行异议程序规避执行的典型行为方式及上海市高级人民法院采取的有力防范和规制措施，以期为广大读者提供参考。

最新法律文件解读丛书
编 辑 部

兰丽专　（010）67550626

丁丽娜　（010）67550608

杨晓燕　（010）67550508

杨　洁　（010）67550562

路建华　（010）67550660

赵杰琼　（010）67550656

投稿邮箱：

《刑事法律文件解读》　5184621@qq.com

《民事法律文件解读》　1216921515@qq.com

《商事法律文件解读》　shangshijiedu@126.com

《行政与执行法律文件解读》　1092123089@qq.com

目录

指导案例、典型案例与解读

新类型疑难案例选评

行政法规、法规性文件与解读

公平竞争审查条例

（2024 年 5 月 11 日国务院第 32 次常务会议通过
2024 年 6 月 6 日国务院令第 783 号公布
自 2024 年 8 月 1 日起施行）

第一章　总　　则

第一条　为了规范公平竞争审查工作，促进市场公平竞争，优化营商环境，建设全国统一大市场，根据《中华人民共和国反垄断法》等法律，制定本条例。

第二条　起草涉及经营者经济活动的法律、行政法规、地方性法规、规章、规范性文件以及具体政策措施（以下统称政策措施），行政机关和法律、法规授权的具有管理公共事务职能的组织（以下统称起草单位）应当依照本条例规定开展公平竞争审查。

第三条　公平竞争审查工作坚持中国共产党的领导，贯彻党和国家路线方针政策和决策部署。

国家加强公平竞争审查工作，保障各类经营者依法平等使用生产要素、公平参与市场竞争。

第四条　国务院建立公平竞争审查协调机制，统筹、协调和指导全国公平竞争审查工作，研究解决公平竞争审查工作中的重大问题，评估全国公平竞争审查工作情况。

第五条 县级以上地方人民政府应当建立健全公平竞争审查工作机制，保障公平竞争审查工作力量，并将公平竞争审查工作经费纳入本级政府预算。

第六条 国务院市场监督管理部门负责指导实施公平竞争审查制度，督促有关部门和地方开展公平竞争审查工作。

县级以上地方人民政府市场监督管理部门负责在本行政区域组织实施公平竞争审查制度。

第七条 县级以上人民政府将公平竞争审查工作情况纳入法治政府建设、优化营商环境等考核评价内容。

第二章 审查标准

第八条 起草单位起草的政策措施，不得含有下列限制或者变相限制市场准入和退出的内容：

（一）对市场准入负面清单以外的行业、领域、业务等违法设置审批程序；

（二）违法设置或者授予特许经营权；

（三）限定经营、购买或者使用特定经营者提供的商品或者服务（以下统称商品）；

（四）设置不合理或者歧视性的准入、退出条件；

（五）其他限制或者变相限制市场准入和退出的内容。

第九条 起草单位起草的政策措施，不得含有下列限制商品、要素自由流动的内容：

（一）限制外地或者进口商品、要素进入本地市场，或者阻碍本地经营者迁出，商品、要素输出；

（二）排斥、限制、强制或者变相强制外地经营者在本地投资经营或者设立分支机构；

（三）排斥、限制或者变相限制外地经营者参加本地政府采购、招标投标；

（四）对外地或者进口商品、要素设置歧视性收费项目、收费标准、价格或者补贴；

（五）在资质标准、监管执法等方面对外地经营者在本地投资经营设置歧视性要求；

（六）其他限制商品、要素自由流动的内容。

第十条 起草单位起草的政策措施，没有法律、行政法规依据或者未经国务院批准，不得含有下列影响生产经营成本的内容：

（一）给予特定经营者税收优惠；

（二）给予特定经营者选择性、差异化的财政奖励或者补贴；

（三）给予特定经营者要素获取、行政事业性收费、政府性基金、社会保险费等方面的优惠；

（四）其他影响生产经营成本的内容。

第十一条 起草单位起草的政策措施，不得含有下列影响生产经营行为的内容：

（一）强制或者变相强制经营者实施垄断行为，或者为经营者实施垄断行为提供便利条件；

（二）超越法定权限制定政府指导价、政府定价，为特定经营者提供优惠价格；

（三）违法干预实行市场调节价的商品、要素的价格水平；

（四）其他影响生产经营行为的内容。

第十二条 起草单位起草的政策措施，具有或者可能具有排除、限制竞争效果，但符合下列情形之一，且没有对公平竞争影响更小的替代方案，并能够确定合理的实施期限或者终止条件的，可以出台：

（一）为维护国家安全和发展利益的；

（二）为促进科学技术进步、增强国家自主创新能力的；

（三）为实现节约能源、保护环境、救灾救助等社会公共利益的；

（四）法律、行政法规规定的其他情形。

第三章　审查机制

第十三条　拟由部门出台的政策措施，由起草单位在起草阶段开展公平竞争审查。

拟由多个部门联合出台的政策措施，由牵头起草单位在起草阶段开展公平竞争审查。

第十四条　拟由县级以上人民政府出台或者提请本级人民代表大会及其常务委员会审议的政策措施，由本级人民政府市场监督管理部门会同起草单位在起草阶段开展公平竞争审查。起草单位应当开展初审，并将政策措施草案和初审意见送市场监督管理部门审查。

第十五条　国家鼓励有条件的地区探索建立跨区域、跨部门的公平竞争审查工作机制。

第十六条　开展公平竞争审查，应当听取有关经营者、行业协会商会等利害关系人关于公平竞争影响的意见。涉及社会公众利益的，应当听取社会公众意见。

第十七条　开展公平竞争审查，应当按照本条例规定的审查标准，在评估对公平竞争影响后，作出审查结论。

适用本条例第十二条规定的，应当在审查结论中详细说明。

第十八条　政策措施未经公平竞争审查，或者经公平竞争审查认为违反本条例第八条至第十一条规定且不符合第十二条规定情形的，不得出台。

第十九条　有关部门和单位、个人对在公平竞争审查过程中知悉的国家秘密、商业秘密和个人隐私，应当依法予以保密。

第四章　监督保障

第二十条　国务院市场监督管理部门强化公平竞争审查工作监督保障，建立健全公平竞争审查抽查、举报处理、督查等机制。

第二十一条　市场监督管理部门建立健全公平竞争审查抽查机制，组织对有关政策措施开展抽查，经核查发现违反本条例规定的，应当督促起草单位进行整改。

市场监督管理部门应当向本级人民政府报告抽查情况，抽查结果可以向社会公开。

第二十二条　对违反本条例规定的政策措施，任何单位和个人可以向市场监督管理部门举报。市场监督管理部门接到举报后，应当及时处理或者转送有关部门处理。

市场监督管理部门应当向社会公开受理举报的电话、信箱或者电子邮件地址。

第二十三条　国务院定期对县级以上地方人民政府公平竞争审查工作机制建设情况、公平竞争审查工作开展情况、举报处理情况等开展督查。国务院市场监督管理部门负责具体实施。

第二十四条　起草单位未依照本条例规定开展公平竞争审查，经市场监督管理部门督促，逾期仍未整改的，上一级市场监督管理部门可以对其负责人进行约谈。

第二十五条　未依照本条例规定开展公平竞争审查，造成严重不良影响的，对起草单位直接负责的主管人员和其他直接责任人员依法给予处分。

第五章 附 则

第二十六条 国务院市场监督管理部门根据本条例制定公平竞争审查的具体实施办法。

第二十七条 本条例自 2024 年 8 月 1 日起施行。

司法部、市场监管总局负责人就《公平竞争审查条例》答记者问

2024 年 6 月 6 日，国务院总理李强签署第 783 号国务院令，公布《公平竞争审查条例》（以下简称《条例》），自 2024 年 8 月 1 日起施行。日前，司法部、市场监管总局负责人就有关问题回答了记者提问。

问：请简要介绍一下《条例》的出台背景。

答：公平竞争是市场经济的基本原则，是市场机制高效运行的重要基础，在优化资源配置、降低制度性交易成本、调动经营者积极性和创造性方面发挥着重要作用，也是建设全国统一大市场的必然要求。党中央、国务院对营造公平竞争市场环境高度重视。近年来，我国着力完善公平竞争制度规则。2016 年，《国务院关于在市场体系建设中建立公平竞争审查制度的意见》（国发〔2016〕34 号）提出建立公平竞争审查制度。2022 年，修改后的反垄断法规定“国家建立健全公平竞争审查制度”。公平竞争审查制度实施以来，对于规范行政机关和法律、法规授权的具有管理公共事务职能的组织的行为，防止滥用行政权力排除限

制竞争，维护公平竞争市场秩序和经营者合法权益发挥了积极作用。与此同时，公平竞争审查制度在实施过程中也存在一些突出问题。有的政策措施在起草时未按照要求开展公平竞争审查，在市场准入、要素获取、政府采购、招标投标、奖励补贴等方面对经营者尤其是民营企业进行隐性的歧视性差别对待，地方保护、区域封锁、行业壁垒等情形仍然存在，“玻璃门”“旋转门”“弹簧门”等现象较为突出，妨碍了商品要素资源在全国范围内畅通流动。因此，有必要制定公平竞争审查条例，对反垄断法和国务院文件规定的公平竞争审查制度进一步细化并落到实处。

市场监管总局在总结近年来各地区开展公平竞争审查实践经验、征求有关方面意见并向社会公开征求意见基础上，向国务院报送了《公平竞争审查条例（草案送审稿）》。司法部在立法审查中，广泛征求中央有关单位、各省级人民政府意见，会同市场监管总局深入开展调研，听取有关经营者、行业协会商会和专家学者的意见建议，对重点问题深入研究，修改形成了《条例》草案。

问：制定《条例》的总体思路是什么？

答：《条例》在制定过程中，坚持以习近平新时代中国特色社会主义思想为指导，深入贯彻落实党中央、国务院关于加快建设全国统一大市场的决策部署，遵循以下总体思路：一是坚持问题导向。聚焦当前经营者反映突出的问题，构建公平竞争审查制度规则。二是坚持统筹兼顾。着力打破地区封锁和行业垄断，科学、合理设置审查要求。三是强化实施监督。完善公平竞争审查实施机制，推动自我审查与外部监督相结合，提升公平竞争审查的制度刚性。

问：公平竞争审查的主体和范围是什么？

答：公平竞争审查的主体主要包括两类，一是行政机关，二是法律、法规授权的具有管理公共事务职能的组织（以下统称起草单位）。公平竞争审查的范围是上述起草单位起草的涉及经营者经济活动的法律、行政法规、地方性法规、规章、规范性文件以及具体政策措施（以下统称政策措施）。

问：关于公平竞争审查，有关方面的职责是什么？

答：一是国务院建立公平竞争审查协调机制，统筹、协调和指导全国公平竞争审查工作，研究解决公平竞争审查工作中的重大问题。二是县级以上地方人民政府应当建立健全公平竞争审查工作机制。三是国务院市场监督管理部门负责指导实施公平竞争审查制度，督促有关部门和地方开展公平竞争审查工作；县级以上地方人民政府市场监督管理部门负责在本行政区域组织实施公平竞争审查制度。

问：开展公平竞争审查应当符合什么要求？

答：起草单位起草的政策措施，应当符合以下要求：一是不得含有限制或者变相限制市场准入和退出的内容。二是不得含有限制商品和要素自由流动的内容。三是没有法律、行政法规依据或者未经国务院批准，不得含有影响生产经营成本的内容。四是不得含有影响生产经营行为的内容。此外，起草单位起草的政策措施，具有或者可能具有排除、限制竞争效果，但有为维护国家安全和发展利益，为促进科学技术进步、增强国家自主创新能力，或者为实现节约能源、保护环境、救灾救助等社会公共利益等规定情形的，且没有对公平竞争影响更小的替代方案，并能够确定合理的实施期限或者终止条件的，可以出台。

问：《条例》围绕公平竞争审查机制作了哪些主要规定？

答：一是拟由部门出台的政策措施，由起草单位在起草阶段开展公平竞争审查；拟由多个部门联合出台的政策措施，由牵头起草单位在起草阶段开展公平竞争审查。二是拟由县级以上人民政府出台或者提请本级人大及其常委会审议的政策措施，由本级人民政府市场监督管理部门会同起草单位在起草阶段开展公平竞争审查。三是开展公平竞争审查，应当听取有关利害关系人的意见；涉及社会公众利益的，应当听取社会公众意见。四是政策措施未经公平竞争审查，或者不符合《条例》规定的，不得出台。

问：在强化监督保障方面，《条例》作了哪些规定？

答：一是市场监督管理部门组织对有关政策措施开展抽查，发现违反《条例》规定的，应当督促起草单位进行整改。二是对违反《条例》规定的政策措施，任何单位和个人可以向市场监督管理部门举报。市场监督管理部门接到举报后，应当及时处理或者转送有关部门处理。三是国务院定期对县级以上地方人民政府公平竞争审查工作机制建设情况、公平竞争审查工作开展情况、举报处理情况等开展督查，国务院市场监督管理部门负责具体实施。四是起草单位未依照《条例》规定开展公平竞争审查，经市场监督管理部门督促，逾期仍未整改的，上一级市场监督管理部门可以对其负责人进行约谈。

问：《条例》施行后，将重点做好哪些工作？

答：市场监管总局将和有关部门共同做好《条例》的贯彻实施工作。一是加大宣传解读力度。组织多种形式的宣传引导，加强公平竞争审查专业培训。二是完善公平竞争审查配套制度规则，细化审查标准，完善审查工作流程，强化审查制度机制保障。三是强化指导实施公平竞争审查制度，做好重大政策措施会同审查机制落实。四是做好政策措施源头治理，强化事前预防和事后监管，充分发挥监督抽查、督促整改、约谈提醒等约束作用，督促各地区、各部门落实公平竞争审查主体责任。

（来源：司法部网站）

司法解释、司法指导性文件与解读

最高人民法院　中国残疾人联合会

印发《关于为残疾人提供更加优质诉讼服务的十条意见》的通知

2024 年 2 月 26 日　　法〔2024〕40 号

各省、自治区、直辖市高级人民法院、残联，解放军军事法院，新疆维吾尔自治区高级人民法院生产建设兵团分院，新疆生产建设兵团残联：

现将《最高人民法院、中国残疾人联合会关于为残疾人提供更加优质诉讼服务的十条意见》予以印发，请认真贯彻落实，加快诉讼服务中心无障碍环境建设工作，更好维护残疾人合法权益。执行中遇到的重大问题，请分别报告最高人民法院、中国残疾人联合会。

最高人民法院　中国残疾人联合会

关于为残疾人提供更加优质诉讼服务的十条意见

为认真贯彻落实《中华人民共和国残疾人保障法》、《中华人民共和国无障碍环境建设法》，以新时代能动司法理念推进诉讼服务工作，切实保障残疾人平等、充分、便捷地参与诉讼活动，提升预防化解涉残疾人矛盾纠纷法治化水平，更好维护残疾人合法权益，现就为残疾人提供更加优质诉讼服务工作提出如下意见。

一、完善无障碍设施建设。各级人民法院新建的诉讼服务场所和服务设施应当符合《人民法院诉讼服务中心无障碍环境建设规范》（见附件），既有诉讼服务场所和服务设施不符合上述建设规范的，应当进行必要改造。鼓励有条件的人民法院建设专门的无障碍法庭、无障碍调解室。地方残疾人联合会为人民法院无障碍设施建设和改造提供协助和支持。

二、加强无障碍信息交流。各级人民法院应当在诉讼服务场所为不同残疾类别的残疾人提供语音、大字、同步字幕等无障碍信息交流服务。加强人民法院在线服务等平台无障碍建设，逐步符合无障碍网站设计标准和国家信息无障碍标准，更加方便残疾人全流程在线办理诉讼事项。地方残疾人联合会应当协助人民法院建立诉讼辅助服务人员名册，方便人民法院联系预约专业人士提供盲文、手语翻译等诉讼辅助服务。

三、提供精细化诉讼服务。各级人民法院依托“厅网线巡”诉讼服务渠道，为残疾人提供精细化诉讼服务。对现场能够自主办理诉讼事项的，引导至绿色服务窗口，由工作人员耐心沟通、指导办理；对现场不能自主办理的，安排专人提供代办、帮办服务；对无法来院办理的，引导残疾人通过人民法院在线服务等平台、12368 诉讼服务热线等便利方式办理，或者提供预约立案、上门立案等服务。对符合条件的残疾人依法提供缓、减、免诉讼费等司法救助。

四、充分保障残疾人诉权。各级人民法院应当保障涉残疾人案件依法及时立案，对符合受理条件的起诉，做到“有案必立、有诉必理”。鼓励有条件的人民法院开辟绿色通道，对涉残疾人案件进行专门标识，实现优先立案、优先审判、优先执行。对符合适用小额诉讼程序、督促程序、简易程序的，在充分尊重残疾当事人意愿基础上，做好案件繁简分流，切实提高审判质量和效率，保障残疾人合法权益尽快实现。

五、建立“总对总”在线多元解纷机制。最高人民法院会同中国残疾人联合会建立“总对总”在线多元解纷机制。地方人民法院邀请残疾人联合会工作人员以及其他符合条件且愿意参与涉残疾人矛盾纠纷调解工作的组织或人员入驻人民法院调解平台，单独或者联合开展涉残疾人矛盾纠纷调解工作。

六、创新调解化解模式。地方人民法院可以会同残疾人联合会设立调解工作室或者诉讼服务站点，由法官、残疾人联合会工作人员等通过线上线下相结合的方式开展法律咨询、诉讼引导、调解化解等工作。对于交通事故致残、工伤致残、医疗致残等涉残疾人纠纷，可以在公安机关交通管理部门、劳动保障部门、医疗卫生部门等探索设立巡回办案点，联合就地化解纠纷。

七、建立涉法涉诉信访事项联动化解机制。残疾人联合会定期对残疾人反映的涉法涉诉信访事项进行梳理分析。对诉求具有一定合理性的涉诉信访事项，按照调解优先、诉访分离原则，积极引导残疾人诉前化解纠纷。对化解不成且属于人民法院受理范围的事项，协助残疾人向有管辖权的人民法院申请依法解决。残疾人所在地的残疾人联合会应当为残疾人在本地和异地人民法院的和解、调解和诉讼提供支持，促进纠纷实质性化解。

八、做实诉源治理工作。各级人民法院和残疾人联合会应当主动融入党委领导、政府主导的诉源治理格局，携手“抓前端、治未病”。各级人民法院在开展纠纷化解调解或者提供诉讼服务时，发现有关单位维护残疾人权益工作不到位或者存在侵犯残疾人合法权益情况的，应当及时向当地政府主管部门、残疾人联合会等进行报告，必要时可以向该单位发送司法建议，提出针对性治理建议，从源头预防和减少涉残疾人矛盾纠纷。

九、加强联合普法宣传。各级人民法院和残疾人联合会要针对残疾人特点和需求，创新普法宣传形式，制作普法宣传产品，联合开展以案释法、普法宣传等工作，积极引导残疾人尊法学法守法用法、增强法治观念，提高运用法治思维和法治方式解决矛盾纠纷能力水平。

十、建立沟通协调机制。各级人民法院和残疾人联合会应当加强沟通协调，定期对各地落实本意见情况进行交流会商，共同协调解决推进过程中的困难问题，通过定期情况通报、数据信息共享、召开联席会议、联合开展调研、发布典型案例等方式，持续提升诉讼服务能力水平。

附件：

人民法院诉讼服务中心无障碍环境建设规范

1. 目的

为推动全国法院诉讼服务中心无障碍环境建设规范化、标准化、人性化，全面提升人民法院诉讼服务中心无障碍环境建设水平，制定本规范。

2. 定义

诉讼服务中心无障碍环境建设是指人民法院为残疾人、老年人等群体在诉讼服务中心自主安全地出入、通行，使用附属设施，获取、使用、交流信息，获得诉讼服务提供便利。

3. 适用范围

本规范为全国法院诉讼服务中心开展无障碍环境建设的统一规范，适用于人民法院诉讼服务中心新建、改建、扩建工程。

对既有诉讼服务场所的改造应当参照本规范执行。

4. 规范性文件引用

《中华人民共和国无障碍环境建设法》

《无障碍环境建设条例》

《最高人民法院、中国残疾人联合会关于在审判执行工作中切实维护残疾人合法权益的意见》

《最高人民法院、最高人民检察院、公安部、司法部、中国残疾人联合会关于深入学习贯彻习近平法治思想 切实加强残疾人司法保护的意见》

5. 建设原则

人民法院诉讼服务中心无障碍环境建设，应当以符合残疾人诉讼服务需求为原则，坚持从实际出发，做到因地制宜、功能适用。

6. 无障碍通行设施

诉讼服务中心应当设置以下无障碍通行设施：

（1）诉讼服务中心应当设置无障碍出入口、无障碍通道，方便残疾人出入，无障碍通道有地面高差时，应当设置轮椅坡道或缘石坡道；

（2）诉讼服务中心在建筑物二层以上的，应当设置无障碍楼梯或者无障碍电梯；

（3）诉讼服务中心出入口建有公共盲道的，应当设置室外盲道，室外盲道应当与公共盲道相连接；

（4）诉讼服务中心建有停车场的，应当设置至少一个无障碍机动车停车位。

7. 无障碍服务设施

诉讼服务中心应当设置以下无障碍服务设施：

（1）低位服务设施，包括低位导诉台、低位服务窗口、低位自助服务设备等；

（2）满足无障碍要求的厕所，或者在方便残疾人进出的男、女厕所各设置至少一个无障碍厕位；

（3）可以根据场地实际和用途在诉讼服务大厅、调解室、审判法庭等区域设置轮椅席位。

8. 无障碍标识

诉讼服务中心的无障碍设施处均应设置无障碍标识及文字说明。

9. 无障碍辅助设备

诉讼服务中心应当根据实际为不同残疾类别、等级的残疾人配备以下无障碍辅助设备：

（1）为肢体残疾人提供拐杖、轮椅等移动辅助设备；

（2）为视力残疾人提供放大镜等视力辅助设备；

（3）为听力残疾人提供无线辅听系统等听力辅助设备；

（4）为言语残疾人提供手写板等信息沟通辅助设备。

10. 无障碍诉讼资料

诉讼服务中心应当根据实际配备有声、大字、电子、盲文等无障碍版本的诉讼资料，包括诉前调解指南、立案、应诉、申请执行须知、人民法院在线服务等平台应用手册等：

（1）诉讼资料以纸质版提供的，字体字号设置应当不小于小三号，并设置合适的行间距，方便残疾人识别和使用；

（2）诉讼资料以电子版提供的，应当具备语音识别、页面字体放大或缩小等功能；

（3）诉讼资料以盲文版提供的，应当符合《国家通用盲文方案》的规范要求。

11. 人员培训管理

人民法院应当在诉讼服务中心推广使用残疾人联合会及专门协会单位制定的无障碍服务使用手册，加强对诉讼服务人员、立案人员、驻院调解员等培训及考核，进一步提高人民法院无障碍服务水平。

12. 建设标准

诉讼服务中心无障碍环境建设应当符合《建筑与市政工程无障碍通用规范》（GB 55019—2021）等国家无障碍环境建设标准的规定。

最高人民法院

关于在涉及未成年子女的离婚案件中开展“关爱未成年人提示”工作的意见

2024 年 4 月 10 日　　法〔2024〕74 号

为深入贯彻落实习近平法治思想，全面贯彻落实习近平总书记关于少年儿童工作重要指示批示精神，坚持依法能动履职，做深做实为人民司法，强化诉源治理，切实维护未成年人合法权益，根据《中华人民共和国民法典》、《中华人民共和国未成年人保护法》、《中华人民共和国预防未成年人犯罪法》、《中华人民共和国家庭教育促进法》等法律规定，结合人民法院工作实际，制定本意见。

一、充分认识“关爱未成年人提示”工作的重大意义

1. 融合贯通涉未成年人民事、行政、刑事审判职能，全面加强未成年人司法保护，是人民法院的重要职责。在涉及未成年子女的离婚案件中开展“关爱未成年人提示”工作，对影响未成年人身心健康行为进行早期预防，将防治未成年人犯罪工作关口前移，是人民法院认真贯彻落实习近平法治思想、深入践行以人民为中心发展思想的必然要求，是坚持能动履职、强化诉源治理、加强未成年人犯罪预防工作的重要

举措。

2. 推动司法保护与家庭保护、学校保护、社会保护、网络保护和政府保护有机衔接，推动全社会形成关心关爱未成年人的良好氛围，是贯彻落实最有利于未成年人原则的必然要求。在涉及未成年子女的离婚案件中开展“关爱未成年人提示”工作，对于督导父母当好合格家长，避免离婚纠纷对未成年人产生不利影响，促进未成年人身心健康具有重要意义。

二、明确目标任务

3. 引导离婚案件当事人正确处理婚姻自由与维护家庭稳定的关系，关心、关爱未成年子女，关注未成年子女健康成长的精神和物质需求。

4. 引导离婚案件当事人提升责任意识，依法履行监护职责，充分保护未成年子女合法权益，在离婚案件中以保障未成年子女健康成长为目的，妥善处理抚养、探望、财产等相关事宜。

5. 预防未成年人犯罪，最大限度防止漠视甚至侵害未成年人合法权益、伤害未成年人身心健康情形的发生，消除引发未成年人违法犯罪的各种消极因素，防患于未然。

6. 促进未成年人身心健康，为未成年人健康成长创造良好、和睦、文明的家庭环境，推动形成关心关爱未成年人的良好社会氛围。

三、把握工作原则

7. 坚持最有利于未成年人原则。在每一起涉及未成年人的案件中，充分尊重未成年人的人格尊严，适应未成年人身心发展的规律和特点，将特殊、优先、全面保护理念贯穿在案件办理及案后延伸工作的全过程。

8. 坚持德法共治原则。在涉及未成年子女离婚案件中，牢固树立新时代社会主义司法理念，大力弘扬社会主义核心价值观，注重对未成年子女人格、情感、安全利益的保护，保障未成年子女健康成长。

9. 坚持问题导向原则。立足于预防和解决司法实践暴露出的部分离婚案件当事人怠于关心、关爱未成年子女，漠视、侵害未成年子女合法权益，导致未成年子女身心受到伤害或者违法犯罪等问题，认真部署、推进工作。

10. 坚持能动履职原则。强化诉源治理，深挖未成年人犯罪及未成年人权益被侵害案件成因，溯源而治，将预防和矫治工作向前延伸，推进司法保护与其他五大保护融合发力。

11. 坚持因案制宜原则。根据案件实际情况，以当事人听得懂、能接受的语言，以便捷的方式、方法，有针对性地开展工作，讲清楚法律、道理，讲明白利害、后果，实事求是，务求实效，推进案件政治效果、法律效果、社会效果相统一。

四、突出工作重点

12. 开展“关爱未成年人提示”工作，应当依据民法典和相关法律规定，依托真实案例向离婚案件当事人提示和强调下列内容：

（1）父母对未成年子女有法定的抚养、教育、保护的义务，应当依法履行监护职责，否则应当承担法律责任；

（2）缺失父母的关心关爱，未成年子女身心健康会受到影响，严重时可能遭受侵害或者走上违法犯罪道路；

（3）解除婚姻关系应当谨慎。即使解除婚姻关系，也应当关注未成年子女心理健康和情感需求，听取有表达意愿能力未成年子女的意见，妥善处理抚养、探望、财产等相关事宜；

（4）父母任何一方均不得违背最有利于未成年人原则，以抢夺、藏匿未成年子女等方式争夺抚养权，否则可能承担不利后果；情节严重的，人民法院可予以罚款、拘留，构成犯罪的，还将依法追究刑事责任；

（5）离婚后，父母对子女仍有抚养、教育、保护的权利和义务。父母双方均应全面履行生效法律文书确定的支付抚养费、配合对方行使探望权等义务，相互协商配合，切实维护未成年子女合法权益。未成年子女造成他人损害的，父母双方应当依照民法典相关规定共同承担侵权责任。

13. 所选案例既可以体现当事人妥善处理离婚事宜后对未成年子女健康成长的积极效果，也可以揭示离婚后家庭关爱缺失、教育不到位对未成年子女产生的消极后果，以及阐释当事人未履行抚养、教育、保护义务应承担的法律责任等。

五、灵活开展工作

14. 各地人民法院可以根据实际情况，确定“提示”内容。以线上、线下等多种途径，通过口头告知、现场提示阅读、播放视频、制发“提示卡”或“提示手册”等多种形式，在立案、诉前调解、审理、执行等各阶段开展“关爱未成年人提示”工作。必要时可以结合家庭教育指导工作进行。

15. 在抚养纠纷、探望权纠纷、监护权纠纷、同居关系纠纷等涉及未成年子女的案件中，也可以参照离婚案件，开展“关爱未成年人提示”工作。

16. 上级人民法院应当加强对下指导，强化沟通协调和工作宣传，推动辖区工作深入开展，确保将最有利于未成年人原则和关爱未成年人精神贯彻落实到相关工作中。

附件：“关爱未成年人提示”模板

附件

“关爱未成年人提示”模板

父母是未成年子女的依靠。一方面，父母有抚养、教育、保护未成年子女的法定义务，不依法履行义务的，将承担法律责任；另一方面，父母是子女之源，舐犊情深，亲慈恩重。父母的抚育和关爱，直接关系到未成年子女的身心健康。

1. 父母因离婚产生纠纷，子女将面临心理上、生活上的巨大变化。夫妻之间一时产生矛盾，不等同于感情确已破裂。婚姻需要经营，感情可以修复，子女的健康成长是父母的期待，也是社会的希望！请三思而后行。

2. 即使要离婚，也请保持平静和理性。子女不应成为父母发泄、转移负面情绪的对象。在离婚过程中，请一定要关注子女的心理健康、情感需求，注重心理疏导，听取他们的意见，妥善处理抚养、探望、财产等相关事宜。

3. 如果父母不能给予足够的关心、关爱、陪护和疏导，未成年子女的身心健康会受到伤害，成长可能受到影响，严重时甚至走上违法犯罪道路或者遭受不法侵害。

4. 父母与子女间的关系，不因父母离婚而消除。离婚后，父母双方对于子女仍有抚养、教育、保护的权利和义务，直接抚养一方应当妥善抚养，不得作出不利于子女身心健康的行为，否则另一方有权请求变更抚养关系；不直接抚养的一方应当积极通过见面、书信、网络等方式关心子女的生活、学习、心理状况，并依法负担相应的抚养费，否则另一方有权申请人民法院强制执行。

5. 未成年子女需要父母的关爱，离婚后，双方应当妥善处理对子女的探望事宜。不直接抚养的一方应当依照协议、人民法院判决或者调解确定的时间和方式，在不影响未成年子女学习、生活的情况下探望未成年子女，另一方应当予以协助。

6. 父母任何一方均不得违背最有利于未成年人原则，以抢夺、藏匿未成年子女等方式争夺抚养权或者阻止对方探望，否则在确定、变更抚养关系等方面可能面临不利后果。任何一方拒不履行人民法院生效判决的，人民法院可以予以罚款、拘留，对构成犯罪的，还将依法追究刑事责任。

7. 父母应当依法履行对子女的监护职责，该职责不因离婚而免除。父母存在遗弃、虐待、家庭暴力等不履行监护职责或者侵害子女合法权益情形的，不仅可能承担被撤销监护人资格等民事责任，构成犯罪的，还将被依法追究刑事责任。未成年子女造成他人损害的，父母应当依照民法典相关规定共同承担侵权责任。

寸草春晖，血浓于水！父母应当肩负起对未成年子女抚养、教育、保护的法定义务。无论婚姻如何变化，都应当一如既往，尽心尽力，携手给未成年子女创造良好的生活成长环境，给予未成年子女最温暖的爱！

相关法律

《中华人民共和国民法典》

第二十六条　父母对未成年子女负有抚养、教育和保护的义务。

第一千零六十八条　父母有教育、保护未成年子女的权利和义务。未成年子女造成他人损害的，父母应当依法承担民事责任。

第一千零八十四条　父母与子女间的关系，不因父母离婚而消除。离婚后，子女无论由父或者母直接抚养，仍是父母双方的子女。

第一千零八十六条　离婚后，不直接抚养子女的父或者母，有探望子女的权利，另一方有协助的义务。

《中华人民共和国未成年人保护法》

第十五条　未成年人的父母或者其他监护人应当学习家庭教育知识，接受家庭教育指导，创造良好、和睦、文明的家庭环境。

第十六条　未成年人的父母或者其他监护人应当履行下列监护职责：

（一）为未成年人提供生活、健康、安全等方面的保障；

（二）关注未成年人的生理、心理状况和情感需求；

（三）教育和引导未成年人遵纪守法、勤俭节约，养成良好的思想品德和行为习惯；

（四）对未成年人进行安全教育，提高未成年人的自我保护意识和能力；

（五）尊重未成年人受教育的权利，保障适龄未成年人依法接受并完成义务教育；

（六）保障未成年人休息、娱乐和体育锻炼的时间，引导未成年人进行有益身心健康的活动；

（七）妥善管理和保护未成年人的财产；

（八）依法代理未成年人实施民事法律行为；

（九）预防和制止未成年人的不良行为和违法犯罪行为，并进行合理管教；

（十）其他应当履行的监护职责。

第十七条　未成年人的父母或者其他监护人不得实施下列行为：

（一）虐待、遗弃、非法送养未成年人或者对未成年人实施家庭暴力；

（二）放任、教唆或者利用未成年人实施违法犯罪行为；

（三）放任、唆使未成年人参与邪教、迷信活动或者接受恐怖主义、分裂主义、极端主义等侵害；

（四）放任、唆使未成年人吸烟（含电子烟，下同）、饮酒、赌博、流浪乞讨或者欺凌他人；

（五）放任或者迫使应当接受义务教育的未成年人失学、辍学；

（六）放任未成年人沉迷网络，接触危害或者可能影响其身心健康的图书、报刊、电影、广播电视节目、音像制品、电子出版物和网络信息等；

（七）放任未成年人进入营业性娱乐场所、酒吧、互联网上网服务营业场所等不适宜未成年人活动的场所；

（八）允许或者迫使未成年人从事国家规定以外的劳动；

（九）允许、迫使未成年人结婚或者为未成年人订立婚约；

（十）违法处分、侵吞未成年人的财产或者利用未成年人牟取不正当利益；

（十一）其他侵犯未成年人身心健康、财产权益或者不依法履行未成年人保护义务的行为。

第十九条　未成年人的父母或者其他监护人应当根据未成年人的年龄和智力发展状况，在作出与未成年人权益有关的决定前，听取未成年人的意见，充分考虑其真实意愿。

第二十四条　未成年人的父母离婚时，应当妥善处理未成年子女的抚养、教育、探望、财产等事宜，听取有表达意愿能力未成年人的意见。不得以抢夺、藏匿未成年子女等方式争夺抚养权。

未成年人的父母离婚后，不直接抚养未成年子女的一方应当依照协议、人民法院判决或者调解确定的时间和方式，在不影响未成年人学习、生活的情况下探望未成年子女，直接抚养的一方应当配合，但被人民法院依法中止探望权的除外。

《中华人民共和国预防未成年人犯罪法》

第十六条　未成年人的父母或者其他监护人对未成年人的预防犯罪教育负有直接责任，应当依法履行监护职责，树立优良家风，培养未成年人良好品行；发现未成年人心理或者行为异常的，应当及时了解情况并进行教育、引导和劝诫，不得拒绝或者怠于履行监护职责。

《中华人民共和国家庭教育促进法》

第十四条　父母或者其他监护人应当树立家庭是第一个课堂、家长是第一任老师的责任意识，承担对未成年人实施家庭教育的主体责任，用正确思想、方法和行为教育未成年人养成良好思想、品行和习惯。

第二十条　未成年人的父母分居或者离异的，应当相互配合履行家庭教育责任，任何一方不得拒绝或者怠于履行；除法律另有规定外，不得阻碍另一方实施家庭教育。

第二十三条　未成年人的父母或者其他监护人不得因性别、身体状况、智力等歧视未成年人，不得实施家庭暴力，不得胁迫、引诱、教唆、纵容、利用未成年人从事违反法律法规和社会公德的活动。

部门规章、规章性文件与解读

市场监管总局

关于印发食品安全行政执法案例指导工作规定的通知

（2024 年 3 月 27 日）

各省、自治区、直辖市和新疆生产建设兵团市场监管局（厅、委）：

《市场监管总局关于食品安全行政执法案例指导工作的规定》已经 2024 年 3 月 25 日市场监管总局第 9 次局务会议通过，现印发给你们，请结合实际认真贯彻落实。

市场监管总局

关于食品安全行政执法案例指导工作的规定

第一条 为了加强和规范市场监管部门食品安全行政执法的指导工作，推动执法标准规范统一，促进公正文明执法，根据《中华人民共和国食品安全法》等法律规定，制定本规定。

第二条 食品安全行政执法指导性案例（以下简称指导性案例），是指案件办理程序和实体认定符合法律规定，行政裁量适当，具有良好政治效果、社会效果与法律效果，对食品安全行政执法工作有指导作用，并至少符合以下条件之一的案例：

（一）有重大社会影响；

（二）疑难复杂或新类型；

（三）具有典型性；

（四）在事实认定、证据运用、法律适用、政策把握、办案方法等方面对办理类似案件具有指导意义。

指导性案例应当是行政决定作出后，当事人在法定期限内未提起行政复议、行政诉讼或提起行政复议、行政诉讼但后续法律程序已完结的案件。

第三条 指导性案例由市场监管总局统一确定并对外公开发布。

各级市场监管部门参照指导性案例办理类似案件，可以引述指导性案例进行说理，但不能作为案件处理决定的直接法律依据。

第四条 省级市场监管部门负责本地区备选指导性案例的收集、整理、审查和推荐工作。办理案件的市场监管部门或者办案人员、案审人员可以向省级市场监管部门推荐案例。

第五条 省级市场监管部门向市场监管总局推荐案例，应当提交以下材料：

（一）指导性案例推荐表；

（二）按照规定体例撰写的案例文本；

（三）有关法律文书和工作文书。

市场监管总局执法稽查局经初步审查，认为可以作为备选指导性案例的，应当通知推荐案例的省级市场监管部门报送案件卷宗。

第六条 指导性案例的体例，一般包括标题、关键词、要旨、基本案情、市场监管部门履职过程、指导意义和相关规定等部分。

第七条 市场监管总局设立食品安全行政执法案例指导工作委员会（以下简称案例指导工作委员会），负责研究审议备选指导性案例。案例指导工作委员会由市场监管总局分管领导和相关司局负责人组成。

根据工作需要设立食品安全行政执法案例指导专家组（以下简称案例指导专家组），为案例指导工作提供咨询和建议。

市场监管总局执法稽查局负责组织备选指导性案例的征集、遴选、审核、报审、发布、清理等工作，负责案例指导工作委员会和案例指导专家组的日常工作等。

第八条 市场监管总局执法稽查局对被推荐的案例提出指导性案例备选意见，汇总后送相关司局、案例指导专家组征求意见。必要时可征求其他有关单位、专家学者意见或召开专家论证会。

市场监管总局执法稽查局根据征求意见情况，将备选指导性案例意见报请案例指导工作委员会讨论。讨论通过后，提出指导性案例发布意见，由执法稽查局提请市场监管总局局务会审议。

总局局务会审议通过的指导性案例，由执法稽查局根据审议意见修改完善后，报总局分管领导审核，由总局主要领导签发。

第九条 指导性案例应当通过市场监管总局官方网站等正式向社会公布。

第十条 市场监管总局建立食品安全行政执法指导性案例数据库，为指导性案例的检索、查询、参照适用等提供便利。

第十一条 各级市场监管部门应当将指导性案例纳入业务培训，加强对指导性案例的学习运用。

第十二条 指导性案例具有下列情形之一的，市场监管总局应当及时宣告失效，并在市场监管总局官方网站公布：

（一）案例援引的法律废止；

（二）与新颁布的法律冲突；

（三）被新发布的食品安全行政执法指导性案例取代；

（四）不适应客观情况变化；

（五）其他应当宣告失效的情形。

市场监管总局执法稽查局根据具体情况，将拟宣告失效的指导性案例报请案例指导工作委员会讨论。

案例指导工作委员会对拟宣告失效的指导性案例进行研究讨论，经讨论形成一致意见，提请市场监管总局主要领导审定后发布，并在食品安全行政执法指导性案例数据库中标注失效。

第十三条 发布指导性案例，应当注意保守国家秘密和商业秘密，保护涉案当事人隐私。

第十四条 本规定由市场监管总局执法稽查局负责具体解释。

第十五条 本规定自印发之日起施行。

指导案例、典型案例与解读

最高人民检察院

关于印发最高人民检察院第五十一批指导性案例的通知

（2024 年 4 月 2 日）

各省、自治区、直辖市人民检察院，解放军军事检察院，新疆生产建设兵团人民检察院：

经 2024 年 1 月 19 日最高人民检察院第十四届检察委员会第二十二次会议决定，现将李某诉湖北省某市人力资源和社会保障局、某市人民政府工伤保险资格认定及行政复议诉讼监督案等四件案例（检例第 205—208 号）作为第五十一批指导性案例（生效行政裁判监督主题）发布，供参照适用。

李某诉湖北省某市人力资源和社会保障局某市人民政府工伤保险资格认定及行政复议诉讼监督案

（检例第 205 号）

【关键词】

生效行政裁判监督　工伤认定　举证责任　行政抗诉　跟进监督

【要旨】

社会保险行政部门以劳动者上下班途中遭受的交通事故伤害“不能认定非本人主要责任”为由，不予认定工伤的，应当事实清楚、依据充分。在交通管理部门无法认定事故责任的情况下，事故非本人主要责任的举证责任不应由劳动者承担。生效行政裁判错误分配举证责任的，人民检察院应当依法监督。人民检察院对于行政抗诉案件经人民法院审理作出的判决、裁定仍然存在明显错误、符合抗诉条件的，可以依职权跟进监督。

【基本案情】

李某系湖北省某市某区某橱柜经营部（以下简称经营部）聘用的设计师。2014 年 7 月 5 日下班时间前后，单位领导指派李某驾驶单位车辆送橱柜材料至客户家中。李某送完材料后驾车回家的途中，于 20 时左右在高新大道古米山加油站附近撞上道路中心花坛受伤。2014 年 10 月 20 日，李某向某市人力资源和社会保障局（以下简称市人社局）申请认定工伤。市人社局以李某需提交相关部门出具的事故责任认定书为由，暂予中止工伤认定。处理案涉事故的交通大队称，李某所发生事故为单方事故，无法提供事故责任认定书，只能提供《交通事故证明》。李某撤回工伤认定申请。2015 年 3 月，李某以经营部应承担赔偿责任为由，向法院提起民事诉讼。某市中级人民法院终审认为李某与经营部存在劳动关系，应当走工伤认定程序予以救济。2017 年，李某再次向市人社局申请认定工伤。2017 年 6 月 20 日，市人社局以李某受伤情形不能认定为在下班途中受到非本人主要责任的交通事故伤害为由，作出《不予认定工伤决定书》。李某提起行政复议，某市政府作出《行政复议决定书》，认定市人社局的决定实体内容正确。2018 年 1 月，李某提起行政诉讼，诉请法院撤销《不予认定工伤决定书》和《行政复议决定书》，判定其所受伤害属于工伤。

2018 年 3 月 28 日，某市某区人民法院作出一审判决。该院认为，李某系完成领导交办的送货工作后，驾驶车辆返回家的途中发生交通事故，但未能证实该事故系李某非本人主要责任造成，市人社局作出不予认定工伤的决定并无不当。判决驳回李某要求认定工伤的诉讼请求。

李某不服提起上诉，某市中级人民法院于 2018 年 6 月 15 日作出二审判决，以相同理由驳回上诉。李某向湖北省高级人民法院申请再审，湖北省高级人民法院于 2018 年 9 月 11 日作出行政裁定，驳回再审申请。

【检察机关履职过程】

案件来源。李某向检察机关申请监督，湖北省某市人民检察院依法受理并审查后，提请湖北省人民检察院抗诉。

监督意见。湖北省人民检察院审查认为，李某受伤符合《工伤保险条例》第十四条第五项规定情形，属于因工外出期间，因工作原因受到伤害，应认定为工伤。根据《最高人民法院关于审理工伤保险行政案件若干问题的规定》第五条第二款，无证据表明李某外出从事的是违法或个人目的的行为，其受经营部负责人指派外出给客户送材料期间所受事故伤害应当认定为工伤。本案“非本人主要责任”的举证责任不应由李某承担。2019 年 12 月 26 日，湖北省人民检察院向湖北省高级人民法院提出抗诉。

判决结果。湖北省高级人民法院于 2020 年 8 月 28 日作出行政判决，该院再审认为：李某系交通事故的当事人，有权要求交通管理部门对事故性质和责任作出认定，故本案在认定李某“下班途中受伤”的事实后，应当由其举证案涉交通事故非本人主要责任造成。鉴于李某未对此进行举证，应承担相应法律后果。判决维持原审判决。

跟进监督。湖北省人民检察院认为，湖北省高级人民法院行政判决适用法律错误，根据《人民检察院行政诉讼监督规则（试行）》第三十六条、《中华人民共和国行政诉讼法》第九十三条第二款和第九十一条第四项的规定，决定跟进监督。2020 年 12 月 9 日，湖北省人民检察院向最高人民检察院提请抗诉。

最高人民检察院在全面审查卷宗的基础上，委托湖北省人民检察院补充调查，走访公安交通大队，与处理事故民警沟通交流等，并询问经营部用工者谢某。最高人民检察院办案人员当面听取李某意见，现场查看路况和环境。2021 年 6 月 8 日，最高人民检察院向最高人民法院提出抗诉。抗诉认为：再审法院认定李某系下班途中受伤，案涉交通事故非本人主要责任的举证责任由李某承担，不符合法律规定。其一，李某已承担其应当承担的证明责任。市人社局不予认定李某构成工伤，应当提供李某符合不予认定工伤的依据。再审法院认定案涉交通事故非本人主要责任的举证责任由李某承担，不符合《中华人民共和国行政诉讼法》规定的关于行政机关应当对其作出的行政行为负有举证责任的法律原则。其二，根据《工伤保险条例》第五条、第十七条、第十九条的规定，社会保险行政部门负有认定工伤的行政职权以及对相关事实调查核实的职责。本案中，市人社局未尽到对相关事实调查核实的职责，依据公安交管部门事故证明，认定李某受伤害为单方事故，从而以不能认定为非本人主要责任，作出不予认定工伤决定，该认定缺乏事实依据。其三，李某发生交通事故受伤与外出工作具有高度关联性。李某因完成单位领导指派的工作任务造成工作时间和路线的改变，相比于一般正常工作时间给其带来更多不确定的风险，而且没有证据显示李某返程回家途中存在从事与工作完全无关的个人活动，此种风险与外出工作具有相当程度的因果关系，风险的后果让李某承担有违公平合理原则。

监督结果。2022 年 4 月 19 日，最高人民法院采纳最高人民检察院的抗诉意见，认为市人社局在工伤决定中认定李某不属“非本人主要责任”的情形，缺乏事实和法律依据，市人社局应承担举证不能的法律后果，判决撤销一审、二审、再审判决，撤销行政复议决定、撤销不予认定工伤决定，责令市人社局对李某的工伤认定申请重新作出决定。2022 年 7 月 4 日，市人社局对李某的工伤认定申请作出认定工伤的处理决定。

【指导意义】

（一）人民检察院办理涉工伤保险资格认定类行政生效裁判监督案件，对人民法院行政生效裁判关于“非本人主要责任”举证责任分配不当、适用法律错误的情形应当依法提出监督意见。劳动者在上下班途中，受到非本人主要责任的交通事故伤害的，应当认定为工伤。交通管理部门出具的事故责任认定书是社会保险行政部门履行工伤认定职责的重要依据，在交通管理部门对事故无法作出责任认定，且用人单位未提供不是工伤的有效证据的情况下，社会保险行政部门应当根据《工伤认定办法》第九条至第十五条的相关规定，对工伤认定相关事实进行调查核实，对其所作的认定结论承担举证责任。生效行政判决错误分配举证责任的，人民检察院应当依法监督。

（二）对人民法院审理行政抗诉（再审检察建议）案件作出的判决、裁定、调解书仍然存在明显错误符合抗诉条件的，人民检察院可以跟进监督。跟进监督是充分发挥行政诉讼监督职责，高质效办好每一个案件的重要手段。人民检察院依法提出抗诉（再审检察建议）后，人民法院经过再审作出的判决、裁定、调解书仍然存在事实认定错误、法律适用错误，人民检察院可以依职权再次提出抗诉或者提请上一级人民检察院抗诉，推动人民法院再审纠正错误裁判，维护司法公正和司法权威，保障国家法律的统一正确实施。

【相关规定】

《中华人民共和国行政诉讼法》第三十四条、第九十一条、第九十三条

《工伤保险条例》第五条、第十四条、第十五条、第十六条、第十七条、第十八条、第十九条

《最高人民法院关于审理工伤保险行政案件若干问题的规定》第一条、第五条

《人民检察院行政诉讼监督规则》第一百二十五条

《道路交通事故处理程序规定》（2008 年）第五十条（2017 年修订后第六十七条）

《工伤认定办法》第六条、第九条、第十条、第十一条、第十二条、第十三条、第十四条、第十五条

某村委会诉黑龙江省某市不动产登记中心行政登记诉讼监督案

（检例第 206 号）

【关键词】

生效行政裁判监督　信赖利益保护　起诉期限扣除　行政抗诉

【要旨】

判断起诉是否超过法定起诉期限以及是否存在非自身原因耽误起诉期限的情形，应当充分考虑行政相对人是否积极行使诉权，以及耽误起诉期限是否具有正当理由。公民、法人或其他组织通过申请行政复议主张权利，行政机关承诺自行纠错的，公民、法人或其他组织等待行政机关自行纠错的时间，符合《中华人民共和国行政诉讼法》第四十八条第一款规定的"其他不属于其自身的原因耽误起诉期限"的情形，应当在起诉期限中扣除。

【基本案情】

2006年，某村委会与某公司签订联营协议。2012年，某公司以联营建厂为由，向黑龙江省某市原国土资源局直属分局申请办理某村所有土地的集体土地使用权流转手续，某市人民政府为某公司颁发第20120180号《集体土地使用证》。2016年，某市组建市不动产登记中心，承接不动产登记职责。2017年5月，某村委会发现某公司伪造申请材料办理土地登记。2017年7月，某村委会向黑龙江省人民政府提出行政复议，请求撤销该土地使用证。后某村委会撤回行政复议申请。

2019年4月，某村委会以市不动产登记中心为被告向某区法院提起行政诉讼，请求撤销第20120180号《集体土地使用证》。某区人民法院于2019年4月25日作出行政裁定认为，某市原国土资源局直属分局于2012年为某公司办理《集体土地使用证》，某村委会提起诉讼的时间是2019年4月，该行政行为自作出之日起已超过五年，对某村委会的起诉，不予立案。某村委会向市中级人民法院提起上诉。市中级人民法院于2019年7月24日作出行政裁定认为，某村委会自称于2017年5月知道某市原国土资源局直属分局于2012年为某公司办理了《集体土地使用证》，某公司在办理该土地使用证过程中造假。某村委会于2017

年向黑龙江省人民政府申请行政复议后，又撤回行政复议申请，黑龙江省人民政府于 2017 年 8 月 14 日作出《行政复议终止决定书》。某村委会于 2019 年 4 月起诉，超过了法律规定的起诉期限，一审法院裁定不予立案符合法律规定，裁定驳回上诉，维持原裁定。某村委会向黑龙江省高级人民法院申请再审，黑龙江省高级人民法院于 2020 年 3 月 25 日作出裁定，驳回再审申请。

【检察机关履职过程】

案件来源。某村委会向某市人民检察院申请监督。某市人民检察院依法受理并审查后，提请黑龙江省人民检察院抗诉。

调查核实。检察机关经阅卷、赴市不动产登记中心调查核实后查明：1. 2017 年 8 月 4 日，原市国土资源局直属分局向村委会作出《承诺书》。载明："我分局在为某公司办理土地登记发证时确实存在一定问题……决定按照《不动产登记暂行条例实施细则》的有关规定，在收到省政府《行政复议终止决定书》后 10 个工作日内，报请上级依法纠正，六个月内办结。"此后，某村委会向黑龙江省人民政府撤回行政复议申请，行政复议程序终止。2. 2018 年 12 月 9 日，原市国土资源局直属分局作出《答复书》，载明："……已正式报请市局建议依法撤销 20120180 号《集体土地使用证》。"3. 2019 年 8 月 7 日，某市自然资源和规划局出具《关于某村申请的答复》，载明："2017 年 8 月 4 日，原市国土资源局直属分局出具《承诺书》自行纠正登记行为，后期由于人员变动及机构改革，将土地登记统一到不动产登记中心办理。2018 年 12 月 5 日，我局按照国家督察局意见决定撤销原土地登记证书，由于不动产统一登记后土地登记相关法规已经废止，而不动产登记的相关法规中无撤销不动产登记的法律条款，致使至今没有撤销相关不动产登记。由于上述原因耽误了你村诉讼时间。"

监督意见。黑龙江省人民检察院审查认为：本案争议焦点是某村委会提起诉讼是否超过法定起诉期限。《中华人民共和国行政诉讼法》第四十八条第一款规定："公民、法人或者其他组织因不可抗力或者其他不属于其自身的原因耽误起诉期限的，被耽误的时间不计算在起诉期限内。"行政相对人基于对相关国家机关的信赖，等待其就相关争议事项进行处理的期间，应当从起诉期限中扣除。本案中，原市国土资源局直属分局2017年8月4日出具的《承诺书》、2018年12月9日作出的《答复书》，均明确承诺启动自行纠错的程序，直至二审裁定生效后，市自然资源和规划局出具《关于某村申请的答复》才明确表示因不动产统一登记后相关法律规定废止致使其承诺无法履行，且认可系行政机关的原因耽误了起诉期限。原市国土资源局直属分局与市自然资源和规划局作为不动产登记主管机关，其作出的自行纠正承诺对某村委会而言值得信赖，具有可期待性，某村委会等待其处理而耽误的期间，属于法律规定的"其他不属于当事人自身的原因耽误起诉期限"的情形，故本案自2017年8月4日原市国土资源局某分局出具《承诺书》承诺自行纠错至2019年8月7日市自然资源和规划局出具《关于某村申请的答复》明确表示已无法自行纠错期间，应当从起诉期限中扣除，某村委会提起诉讼未超过法定起诉期限，二审裁定不予立案确有错误。

监督结果。2021年12月4日，黑龙江省人民检察院向黑龙江省高级人民法院提出抗诉。黑龙江省高级人民法院于2022年2月15日作出裁定，对本案提审。2022年2月23日，黑龙江省高级人民法院作出再审裁定认为：某村委会自知晓具体行政行为后一直积极主张权利，其提起诉讼的时间虽超过法定起诉期限，亦是基于行政机关作出的明确承诺，有可期待性，属于"公民、法人或者其他组织因其他不属于自身的原因耽误起诉期限"的情形，依照《中华人民共和国行政诉讼法》第四十八条第一款规定，被耽误的时间不计算在起诉期限内。且在本案一、二审裁判后，某村委会又向行政机关主张权利，市自然资源和规划局又出具答复，明确表示承诺已无法履行，并认可系行政机关的原因耽误了起诉期限。综上，检察机关抗诉理由成立。裁定：撤销一、二审裁定；指令某区人民法院立案受理。某区人民法院于 2023 年 2 月 9 日作出判决认为，某公司提交的集体建设用地流转申报审核表中，村委会意见及乡政府意见栏所盖公章经司法鉴定为伪造公章，办证的前置条件不符合法律规定，该发证行为违法，应予撤销，判决撤销第 20120180 号《集体土地使用证》。某公司向市中级人民法院提出上诉。市中级人民法院于 2023 年 6 月 19 日作出判决认为，登记机关颁发第 20120180 号《集体土地使用证》的主要证据不足，依法应当予以撤销。判决驳回上诉，维持原判。

【指导意义】

公民、法人或者其他组织基于对行政机关自行纠错承诺的善意信赖，等待行政机关就相关争议事项进行处理，应当属于扣除行政诉讼起诉期限的情形。《中华人民共和国行政诉讼法》第四十八条第一款规定了行政诉讼起诉期限扣除制度。该制度作为起诉期限一般规定的例外，体现了保护当事人诉权与维护行政秩序的平衡，避免当事人因不属于其自身的原因而丧失司法救济途径。公民、法人或者其他组织不服行政机关作出的行政行为，可以依法向行政机关提出，行政机关明确拒绝纠正行政行为的，公民、法人或者其他组织应当在法律规定的期限内通过依法申请行政复议或者提起行政诉讼主张权利。公民、法人或者其他组织在提起诉讼前依法主张权利过程中，基于对行政机关承诺自行纠错的信赖，等待行政机关处理的期间，属于法律规定的“不属于其自身原因耽误起诉期限”，不计入法定起诉期限。

【相关规定】

《中华人民共和国行政诉讼法》第四十八条第一款

支某兰诉山东省某市自然资源和规划局宅基地使用权登记诉讼监督案

（检例第 207 号）

【关键词】

生效行政裁判监督　宅基地使用权登记　利害关系　诉权保护　行政抗诉

【要旨】

非本村集体经济组织成员基于继承和集体经济组织成员共同取得房屋所有权而占用农村宅基地，因不动产登记机构依据相关农村集体经济组织成员申请颁发集体土地使用证而侵犯其合法权益的，应当属于法律规定的利害关系人。人民法院生效行政裁定以相对人非案涉土地所属集体经济组织成员而无权获得宅基地使用权为由驳回起诉的，人民检察院应当依法进行监督。

【基本案情】

支某堂与李某英系山东省某市某村村民，二人生前育有三子一女，支某岱、支某柱（曾用名支某瑞）、支某来和支某兰。支某兰 1998 年 7 月 6 日将户口从某村迁出。

案涉宅基地的集体土地使用证原登记在支某堂名下。支某堂去世后，支某柱于 2015 年 11 月以继承方式取得房屋及案涉宅基地使用权，并以此为由向某市国土资源局（现某市自然资源和规划局）提出土地登记申请，并提供了某村村委会出具的证明和房屋继承协议。某市自然资源和规划局向支某柱颁发了集体土地使用权证。

支某兰认为某市自然资源和规划局的行政登记行为侵犯了其合法权益，于 2018 年 10 月 12 日向某区人民法院提起行政诉讼，请求依法撤销某市自然资源和规划局为支某柱颁发的集体土地使用权证。

2019 年 4 月 25 日，某区人民法院作出行政裁定，认为农村集体土地使用权具有身份性、福利性，支某兰非案涉土地所在集体经济组织成员，对有关土地使用权证的变更无权提起诉讼，裁定驳回支某兰的起诉。支某兰不服一审裁定，向某市中级人民法院申请再审。2020 年 6 月 4 日，某市中级人民法院作出再审裁定，驳回支某兰的再审申请。

【检察机关履职过程】

案件来源。支某兰向某区人民检察院申请监督。某区人民检察院经审查，于 2021 年 6 月 22 日提请某市人民检察院抗诉。

调查核实。检察机关审查案卷材料、询问当事人后，调取案涉土地登记原始档案，发现某市自然资源和规划局向支某柱颁发集体土地使用证的主要依据是房屋继承协议，该协议明确案涉宅基地上的房屋继承人有 5 人，但并未明确房屋由支某柱单独继承，所有继承人并未就遗产达成分割协议，也没有其他继承人明确表示放弃继承权的内容。

监督意见。某市人民检察院审查认为，依据《国土资源部、中央农村工作领导小组办公室、财政部、农业部关于农村集体土地确权登记发证的若干意见》规定，“已拥有一处宅基地的本农民集体成员、非本农民集体成员的农村或城镇居民，因继承房屋占用农村宅基地的，可按规定登记发证，在《集体土地使用证》记事栏应注记‘该权利人为本农民集体原成员住宅的合法继承人’”。虽然起诉时支某兰并非某村村民，但其系某村村民支某堂的合法继承人，其对案涉宅基地上的房屋享有合法继承权，应属于案涉宅基地的利害关系人。支某兰认为某市自然资源和规划局以房屋继承协议为依据向支某柱颁发案涉集体土地使用证的行为，侵犯了其合法继承权，向人民法院提起诉讼，属于行政诉讼的受案范围。某区人民法院以支某兰非案涉土地所在集体经济组织成员，不能获得案涉土地使用权为由，认为其无权提起诉讼，裁定驳回起诉，适用法律确有错误。某市自然资源和规划局基于某村村委会加盖公章的房屋继承协议，向支某柱颁发集体土地使用证，认定事实的主要证据不足。

2021 年 6 月 25 日，某市人民检察院向某市中级人民法院提出抗诉。

监督结果。2021 年 11 月 17 日，某市中级人民法院作出行政裁定，认为检察机关提出的抗诉意见成立，该院予以采纳，裁定撤销原裁定，指令某区人民法院继续审理。

2022 年 9 月 26 日，某区人民法院作出行政判决，认为支某兰虽非某村村民，但其系某村村民支某堂的法定继承人之一，与案涉宅基地存在利害关系，具有原告资格。某市自然资源和规划局提供的证据显示，支某柱因继承取得被诉土地使用证，但继承协议仅列明了宅基地上房屋的继承人，并未写明房屋应由支某柱继承，故某市自然资源和规划局在审核某村村委会证明、房屋继承协议的过程中，未尽到审慎义务，作出被诉颁证行为证据不足，判决撤销某市自然资源和规划局为支某柱颁发的集体土地使用证。

某市自然资源和规划局、支某柱不服一审判决，提出上诉。2023 年 3 月 6 日，某市中级人民法院作出行政判决，对一审裁判理由和结果予以认可。二审认为，根据《国土资源部、中央农村工作领导小组办公室、财政部、农业部关于农村集体土地确权登记发证的若干意见》（国土资发〔2011〕178 号）第六条规定，非本农民集体成员的农村或城镇居民，因继承房屋占用农村宅基地的，可按规定登记发证，在《集体土地使用证》记事栏应注记“该权利人为本农民集体原成员住宅的合法继承人”。本案中，支某兰虽并非某村的集体经济组织成员，但通过取得案涉宅基地上房屋的继承份额，可以登记为案涉宅基地的使用权人。一审法院认定支某兰与案涉宅基地存在利害关系，具有原告主体资格，于法有据。《不动产登记暂行条例实施细则》第十四条规定："因继承、受遗赠取得不动产，当事人申请登记的，应当提交死亡证明材料、遗嘱或者全部法定继承人关于不动产分配的协议以及与被继承人的亲属关系材料等，也可以提交经公证的材料或者生效的法律文书。"不动产登记机构应当依法审查申请人提交的上述材料是否齐全，是否符合法定形式，并在职权范围内决定办理不动产登记的事宜。本案中，案涉继承协议书并未明确房屋应由支某柱继承，在所有继承人并未就遗产达成分割协议，也没有生效法律文书确认其他继承人丧失继承权或者其他继承人明确表示放弃继承权的情况下，部分继承人不能申请将案涉土地的集体土地使用证登记到自己名下。因此，某市自然资源和规划局为支某柱颁发的集体土地使用证属于主要证据不足之情形，依法应予以撤销。

【指导意义】

非本集体经济组织成员基于房屋继承提起的宅基地登记行政诉讼，人民法院以起诉人与被诉宅基地登记行为不存在利害关系为由裁定驳回起诉的，人民检察院应当依法进行监督。诉权是公民、法人或者其他组织依法享有的寻求司法救济的权利。《中华人民共和国行政诉讼法》规定，行政行为的相对人以及其他与行政行为有利害关系的公民、法人或者其他组织，有权提起诉讼。"外嫁女"继承农村宅基地上的房屋，根据房地一体原则，在房屋自然存续期间，可以占用宅基地并办理确权登记，成为宅基地的权利人。行政机关仅向本集体经济组织成员颁发土地使用证，侵犯了"外嫁女"合法权益。人民法院以"外嫁女"与被诉宅基地登记行为不存在利害关系为由驳回起诉的，人民检察院应当依法进行监督，有效保护诉权的同时，通过实体审理纠正错误登记行为，保障"外嫁女"等非本集体经济组织成员因继承房屋而享有的宅基地使用权。

【相关规定】

《中华人民共和国行政诉讼法》第二十五条第一款

《最高人民法院关于审理涉及农村集体土地行政案件若干问题的规定》第一条

国土资源部、中央农村工作领导小组办公室、财政部、农业部《关于农村集体土地确权登记发证的若干意见》

赵某诉内蒙古自治区某旗退役军人事务局给付烈士子女定期生活补助诉讼监督案

（检例第208号）

【关键词】

生效行政裁判监督　行政给付　烈士子女生活补助给付起始时间　再审检察建议　类案监督

【要旨】

给予烈士子女定期生活补助是落实我国抚恤优待制度的重要体现，行政机关应当主动履行职责，确保符合条件的行政相对人及时获得物质帮助。给予烈士子女生活补助的给付起始时间根据相关法律法规政策确定，不因烈士子女是否知悉相关法律法规和政策规定、提出申请时间不同而有所区别。人民法院对行政机关未按相关法律法规政策规定的程序、标准给付烈士子女生活补助的行为未予纠正，人民检察院应当依法监督。

【基本案情】

2012 年 1 月 20 日，《民政部、财政部关于给部分烈士子女发放定期生活补助的通知》（民发〔2012〕27 号，以下简称《通知》）规定，从 2011 年 7 月 1 日起，给居住在农村和城镇无工作单位、18 周岁之前没有享受过定期抚恤金待遇且年满 60 周岁的烈士子女发放定期生活补助。2012 年 2 月 16 日，《内蒙古自治区民政厅、财政厅关于落实给部分烈士子女发放定期生活补助政策的实施意见》（内民政优〔2012〕32 号，以下简称《意见》）规定负责烈士子女定期生活补助发放工作的行政机关要深入细致地做好调查摸底工作，认真准确地界定相关人员的身份，做到不错、不漏、不留死角，发放程序为个人申报、初审认定、建立档案。2019 年 1 月，该职能由旗民政局转至旗退役军人事务局。

赵某轩在解放战争中牺牲被评为烈士。其子赵某（1946 年 3 月出生，农民）得知该政策后，向旗退役军人事务局提出烈士子女定期生活补助申请并于 2019 年 6 月获得批准。自 2019 年 7 月起赵某开始享受定期生活补助。2021 年初，赵某向旗退役军人事务局申请补发 2011 年 7 月至 2019 年 6 月的烈士子女定期生活补助。2021 年 7 月，旗退役军人事务局作出《关于赵某要求履行行政职能申请的答复意见》，认为“赵某提出申请的时间为 2018 年 12 月 5 日，审批时间为 2019 年 6 月 27 日。自 2019 年 7 月赵某开始领取烈士子女补助金，旗退役军人事务局没有拒绝或拖延等不作为的行为。因此，不能补发你 2011 年 7 月 1 日至 2019 年 6 月 30 日的烈士子女补助金”。赵某向人民法院提起行政诉讼，请求撤销旗退役军人事务局的答复意见，并判决给付 2011 年 7 月至 2019 年 6 月的定期生活补助。

2021 年 11 月 10 日，某旗人民法院作出行政判决，认为《意见》是为部分烈士子女发放定期生活补助的规范性文件。该《意见》明确了对领取定期生活补助人员身份核查认定的流程，即个人申报、初审认定、建立档案。本案中，旗退役军人事务局根据《意见》规定，对赵某的申报信息经过初审认定、建立档案，并自2019年7月开始为赵某发放生活补助金。现赵某要求补发2011年7月1日至2019年6月30日期间的生活补助金，但其提供的证据不能证明其在《意见》下发后，向有关部门进行过个人申报，亦无法证明行政机关存在不作为的行为。因此，旗退役军人事务局按照政策规定作出不予补发生活补助的答复意见，程序正当，符合法律规定，驳回赵某的诉讼请求。一审判决生效后，赵某不服，向某市中级人民法院申请再审。2022年5月26日，某市中级人民法院作出裁定，驳回再审申请。

【检察机关履职过程】

案件来源。赵某向某旗人民检察院申请监督。

调查核实。某旗人民检察院审查案卷后开展了以下调查核实工作：一是向旗退役军人事务局确认赵某轩在解放战争中牺牲并于1983年11月被评为烈士。二是向旗退役军人事务局了解到赵某18周岁之前没有享受过定期抚恤金待遇。鉴于双方对是否应当补发抚恤金存在较大争议，为消除分歧、凝聚共识，某旗人民检察院组织召开公开听证会，邀请政协委员、人民监督员、律师参加，听取双方当事人意见。听证会后，听证员评议认为，对符合条件的人员以申请获批的时间划分给付起始点，事实上限缩了行政给付范围，不当减损了行政相对人的权益。旗退役军人事务局应当从《通知》规定的2011年7月1日起给赵某发放定期生活补助。

监督意见。某旗人民检察院审查认为：1. 根据民政部、财政部《通知》和内蒙古自治区民政厅、财政厅《意见》规定，负责烈士子女定期生活补助发放工作的行政机关应当严格掌握政策，执行落实好政策，深入细致地做好调查摸底工作。旗退役军人事务局未能提供证据证明其与相关部门进行过统一调查、政策宣传等工作。行政机关履职不到位，原审判决认定旗退役军人事务局答复意见符合法律规定的主要证据不足。2.《中华人民共和国行政诉讼法》第三十四条第一款规定，“被告对作出的行政行为负有举证责任，应当提供作出该行政行为的证据和所依据的规范性文件”；第三十七条规定，“原告可以提供证明行政行为违法的证据。原告提供的证据不成立的，不免除被告的举证责任”。本案中，旗退役军人事务局始终未能提供漏报补报人员在文件实施后、个人申报前不能享受生活补助的法律和政策依据，亦不能提供证据证明其做了调查摸底工作。原审判决将举证责任分配给赵某一方，举证责任分配错误，属于适用法律错误。2022 年 9 月，某旗人民检察院经检察委员会决定，向某旗人民法院提出再审检察建议。

监督结果。某旗人民法院采纳再审检察建议，于 2022 年 12 月 30 日作出再审判决，认为《通知》和《意见》是发放烈士子女定期生活补助金的依据。旗退役军人事务局提交的证据能证实赵某于 2019 年 7 月享受烈士子女生活补助金的情况，但不能证实赵某不应享受 2011 年 7 月 1 日至 2019 年 6 月 30 日期间的烈士子女补助金的情况。旗退役军人事务局作出的《关于赵某要求履行行政职能申请的答复意见》的主要证据不足，应予撤销。原审判决认定事实不清，适用法律错误，应予纠正。判决撤销原审判决和旗退役军人事务局的答复意见。旗退役军人事务局收到再审判决后，补发了赵某 2011 年 7 月 1 日至 2019 年 6 月 30 日的烈士子女定期生活补助 3 万余元。

根据旗退役军人事务局在听证会上反映的情况，某旗人民检察院依法调取了辖区内烈士子女名单、烈士子女定期生活补助金发放数据等，确认旗退役军人事务局对符合条件的其他 23 名烈士子女也未从 2011 年 7 月 1 日起计算发放定期生活补助，遂向旗退役军人事务局发出检察建议，建议其依法把握发放烈士子女定期生活补助的政策规定。旗退役军人事务局采纳检察建议，为其他 23 名烈士子女补发了生活补助，并表示在今后工作中将深入细致做好调查摸底工作，准确界定相关人员的身份，充分保障烈士子女的合法权益。

【指导意义】

（一）人民检察院办理行政诉讼监督案件，发现行政机关未依据相关法律法规和政策规定的给付时间为烈士子女发放生活补助，人民法院生效裁判未予纠正的，应当依法监督。我国宪法对国家和社会抚恤烈士家属作了明确规定，国防法、烈士褒扬条例、军人抚恤优待条例等作了具体规定。给予烈士子女定期生活补助是落实我国抚恤优待制度的重要体现，行政机关应当主动履行调查核实相对人情况、确定给付对象等职责，按照政策规定的给付起始时间和标准及时履行给付义务，不因相对人知悉政策、提出申请的时间有所区别。抚恤对象认为行政机关没有依法支付抚恤金的，应当先向行政机关提出，行政机关拒绝给付或者不予答复的，该抚恤对象有权提起行政诉讼。抚恤对象因不了解有关规定，迟延提出行政给付申请的，行政机关应当补发行政给付决定作出前抚恤对象应当享受的抚恤金待遇。人民法院对行政机关错误确定给付起始时间的行为未予纠正的，人民检察院应当依法提出监督意见。

（二）人民检察院在履行职责中发现行政机关未依法保障同等情况的其他相对人享受抚恤待遇的，可以制发检察建议督促其纠正。人民检察院在对个案提出监督意见的同时，可以针对行政机关未依法及时履行给付抚恤金义务，致使相对人合法权益受到侵害等普遍性问题，制发类案检察建议，督促行政机关依法履行职责，保障抚恤对象按照国家政策规定公平享受抚恤待遇。

【相关规定】

《中华人民共和国国防法》第六十六条

《烈士褒扬条例》第二条

《军人抚恤优待条例》第二条

《中华人民共和国行政诉讼法》第三十四条第一款、第三十七条、第七十条、第九十一条、第九十三条

《最高人民法院关于适用〈中华人民共和国行政诉讼法〉的解释》第一百一十九条、第一百二十二条

《人民检察院行政诉讼监督规则》第八十四条、第一百一十九条第二款、第一百二十条

最高人民检察院

关于印发《涉民生控告申诉检察典型案例（第一批）》的通知

（2024年5月30日）

各省、自治区、直辖市人民检察院，解放军军事检察院，新疆生产建设兵团人民检察院：

为深入贯彻落实习近平法治思想和党的二十大精神，深入推进“检护民生”专项行动，坚持以“高质效办好每一个案件”为基本价值追求，充分发挥控告申诉检察职能作用，找准找实检察为民的切入点和着力点，高质效办好各类涉民生控告申诉案件，用心用情做实人民群众可感受、能体验、得实惠的“控申为民”，最高人民检察院组织选编了“广西黄某标申请民事监督案”等典型案例，现印发你们，供各地办案时参考借鉴。

案例一

广西黄某标申请民事监督案

【关键词】

申请民事监督　大检察官下访接访　释法说理　救助帮扶法治化实质性化解

【基本案情】

2020 年 1 月 25 日，民事监督申请人黄某标与黄某源、黄某晟因土地纠纷问题发生争执，继而引发打斗，造成黄某标受伤。当天，黄某标到某人民医院治疗，住院 12 天，出院后两个月内复诊 6 次。此后，黄某标因感到视力模糊，又到某医学院附属医院治疗，经诊断为双眼白内障，住院 13 天。

2021 年 2 月 23 日，黄某标以其两次住院治疗费用等经济损失应由黄某晟、黄某源赔偿为由，向广西壮族自治区巴马县人民法院提起民事诉讼。2021 年 5 月 13 日，巴马县人民法院作出一审判决，判令被告赔偿黄某标因在某人民医院住院治疗及复诊发生的诊疗费、护理费、伙食补助费以及精神损害抚慰金等各项经济损失 5985.3 元，对要求被告赔偿其在某医学院附属医院的治疗费等经济损失的主张不予支持。被告不服，提出上诉。2021 年 8 月 12 日，河池市中级人民法院以上诉人的侵权行为未造成黄某标严重后果、一审判决赔偿黄某标精神损害抚慰金 2000 元错误为由，改判被告赔偿黄某标 3985.3 元。黄某标到巴马县人民检察院反映其不服法院生效民事判决，申请检察监督。

【检察机关履职过程】

案件来源。广西壮族自治区人民检察院领导在深入巴马县人民检察院调研期间，决定下访接访包案办理黄某标申请民事监督案。

审查办理。广西壮族自治区人民检察院领导全面审查黄某标监督申请书、原案法律文书及相关证据等材料，指导检察官现场查看争议土地情况，入户了解黄某标生活现状，向某人民医院及某医学院附属医院调取诊断证明及医疗费凭证等材料，全面梳理掌握黄某标案件及其家庭生活有关情况。经调查核实，查明：黄某标于 2020 年 1 月 25 日至 2 月 5 日在某人民医院治疗，此后两个月内复诊 6 次，有关治疗费等经济损失已获得赔偿；于 2020 年 5 月 6 日至 18 日在某医学院附属医院第二次住院治疗，诊断结论为双眼白内障，住院收费票据显示发生医疗费 12983. 76 元，除去医保统筹支付部分，其个人支付医疗费 5074. 37 元，未获得赔偿。2020 年 11 月 16 日，巴马县公安局对黄某源作出行政拘留五日的行政处罚。黄某标本人系退役军人，妻子周某春为肢体二级残疾，家庭生活主要靠黄某标较低的退休金及政策性补助维持，家庭生活较为困难。

2023 年 11 月 28 日，广西壮族自治区人民检察院领导在巴马县人民检察院 12309 检察服务中心接访黄某标，当面听取其诉求，耐心释法说理。

针对黄某标要求检察机关监督的诉求，广西壮族自治区人民检察院领导告知，当事人在民事诉讼中可依法处分自己享有的诉讼权利，并由此承担相应的诉讼风险。本案一审法院判决后，黄某标作为原告并没有上诉，在被告上诉、二审法院予以改判的情况下，其也没有向法院申请再审，可以推定其认同法院判决。现黄某标以法院判决错误为由向检察机关申请监督，但由于之前并未行使向法院申请再审的权利，且已超过再审申请期限，不符合民事检察监督申请受理条件。

关于黄某标提出的其双眼患白内障系被告殴打所致、被告应给予赔偿的诉求。我国民事诉讼法实行“谁主张，谁举证”原则，一方当事人对自己提出的主张未提供足够的证据予以证明的，该方当事人将承担不利的后果。本案中，根据某医学院附属医院入院及出院记录等在案证据材料，不足以证明黄某标患白内障的事实与被告殴打行为之间有法律上的因果关系，法院判决不支持黄某标的上述诉求，符合法律规定。但考虑到本案黄某标被殴打后两次住院治疗的间隔时间较短，不排除二者之间具有一定程度的关联性，且综合考虑黄某标本人系退役军人，家庭生活较为困难等因素，为减轻当事人访累诉累、促进矛盾纠纷法治化实质性化解，检察机关应当能动履职，在政策允许范围内给予黄某标必要的救助帮扶，让人民群众可感受、能感受、感受到公平正义。

接访后，黄某标对检察机关高度重视其案件表示感谢，以一句“我都听您的”表达对广西壮族自治区人民检察院领导释法说理的高度认同和感激，并表示其心结已解，今后不再信访。

延伸工作。下访接访结束后，广西壮族自治区人民检察院领导指示当地检察机关再次入户，探望黄某标及其妻子，传递检察人文关怀。检察机关同时走访村委会，加强法治宣传教育，引导群众依法按程序反映诉求，提升社会矛盾纠纷预防化解能力，筑牢民生司法保障安全网。

2024 年 3 月，巴马县人民检察院根据广西壮族自治区人民检察院、农业农村厅、退役军人事务厅、妇联共同印发的《关于开展司法救助集中回访活动的通知》，再次对黄某标进行回访，其表示已获救助帮扶，感谢检察机关的关心关怀。

【典型意义】

（一）检察长带头下访接访解决信访问题，把矛盾纠纷化解在群众“家门口”。大检察官在下基层调研时，主动包案化解疑难复杂案件，以“谁下访、谁接待、谁负责协调处理”为原则，压实包案责任，做优矛盾纠纷预防化解工作，有效减轻了群众诉累访累，实现了把矛盾纠纷化解在当地、化解在基层，推动矛盾纠纷法治化实质性化解，把新时代“枫桥经验”落到实处。

（二）高质效办理控告申诉检察案件，落实好“检护民生”。针对当事人申请民事监督，虽不符合受理条件但诉求具有一定合理性的情况，广西检察机关按照“接访前调查+接访中说理+接访后关爱”的步骤，以“如我在诉”的理念耐心释法说理，有针对性地回应诉求，积极开展救助帮扶及回访，让案件当事人实实在在感受到公平正义，促进解决群众的操心事、烦心事、揪心事，有效传递检察关怀。

案例二

河南冯某等人控告案

【关键词】

污染环境　南水北调中线总干渠保护　院领导下访接访　一体综合履职　诉源治理

【基本案情】

控告人冯某等人，系河南省淇县某镇某村村民代表。

自 2023 年 8 月以来，有不法分子在淇县某镇某村倾倒、填埋黑色不明液体，散发刺鼻气味，周边土壤和植被受到不同程度的污染，严重影响居民生活。

【检察机关履职过程】

案件来源。冯某等人发现村里环境污染后，先后到当地镇政府、公安机关、生态环境保护等部门反映情况。2023年11月21日，冯某等人又向淇县人民检察院提出控告，要求监督有关部门清除污染并追究不法分子破坏环境的责任。

审查办理。淇县人民检察院受理后，经现场实地走访，发现该村受污染面积大，黑色不明液体刺鼻刺眼，对周边土壤和村民生活造成严重影响，且倾倒地点距离南水北调中线总干渠约170米，属于饮用水水源二级保护区范围，如处理不及时，污染源进入南水北调总干渠，将会影响沿线数以万计群众的饮水安全。鉴于以上紧急情况及可能产生的严重后果，淇县人民检察院立即向鹤壁市人民检察院、河南省人民检察院报告。

河南省人民检察院高度重视，决定由该院分管控告申诉检察工作的副检察长包案，指示鹤壁检察机关切实强化一体履职和督促协同，依法维护群众合法权益和社会公共利益，以高质效办案成效展现“检护民生”担当。在河南省人民检察院的统筹指导下，鹤壁市、淇县两级检察院成立由控告申诉、刑事、公益诉讼等检察部门组成的专案组，深入研究制定调查方案，积极推进案件办理。一是启动行刑衔接机制。督促生态环境部门和侦查机关迅速固定现场证据、提取倾倒物样品，派专人送权威鉴定机构对污染物性质进行鉴定，同时对倾倒车辆和人员进行调查。经鉴定，该物质属于危险废物。二是及时督促清理处置危险废物。为防止因危废液体渗透导致土壤污染进一步恶化，根据鉴定和危害后果，督促相关部门立即处置危险废物。三是加强侦查监督与协作。在收到现场提取物为危险废物的鉴定后，督促公安机关迅速立案侦查，并派经验丰富的员额检察官提前介入侦查，对案件性质、证据收集等提出意见。经初步查明，犯罪嫌疑人冯某孩、张某军与孙某彦、刘某才等人相互勾结，将外省市化工企业的废水废物跨省运输至淇县某镇某村等地倾倒。冯某孩、张某军等人收集、贮存、处置危险废物，均未取得经营许可证，涉嫌污染环境罪，涉案犯罪嫌疑人10人。

2024 年 4 月 23 日，河南省人民检察院分管控告申诉检察工作的副检察长到淇县人民检察院 12309 检察服务中心，接访冯某等人，当面听取其诉求，实地走访案发地现场，并邀请鹤壁市南水北调中线工程建设领导小组办公室工作人员，会同鹤壁市人民检察院、淇县人民检察院办案人员，共同召开案情分析座谈会，研究提出下一步工作意见，明确在案件前期办理取得积极进展的基础上，进一步提高认识，以强化上下级检察机关一体履职、各检察部门综合履职为着力点，加快办案进度，积极推动诉源治理，切实维护社会公共利益和人民群众合法权益。

鹤壁市、淇县两级检察院认真落实工作意见，进一步推进综合履职。一是深挖彻查扩大战果。会同侦查机关对案件进一步研判会商，对证据进一步梳理，以冯某孩微信聊天及转账记录为突破口，进一步查明该犯罪团伙在淇县境内倾倒危害废物 13 车 300 余吨，非法获利 2 万余元。二是协同推进检察公益诉讼。鹤壁市、淇县两级检察院公益诉讼检察部门及时跟进，在刑事侦查的基础上，运用无人机航拍、卫星图比对等方式进一步查明污染对生态环境和土地耕种造成的危害，督促相关部门对恢复原貌所需费用进行鉴定，为下步开展检察公益诉讼提供证据支撑。三是积极开展溯源治理。河南省人民检察院指导鹤壁检察机关以办理该案为契机，对近年来企业污染环境案件进行分析，构建数字监督模型，加强跨省、市检察机关的协同配合，运用大数据发现企业生产产生的废弃物数量、废弃物处理方式和净化处理能力、未能处理废弃物的处置方式等，向相关部门发出检察建议，推动对涉案企业进行合规审查，延伸检察机关参与社会治理职能，斩断污染环境的源头，以检察蓝守护绿水青山。

【典型意义】

（一）积极回应控告诉求，让“检护民生”可感可触。控告申诉检察工作一头连接人民群众，一头连接检察机关，是“送上门”的群众工作，是检察机关了解社情民意、密切联系和服务群众的桥梁纽带。省级检察院院领导下访接访包案办理控告案，到基层一线倾听群众呼声，与群众面对面交流，有利于高质效统筹推进案件办理，及时有效回应群众诉求，让人民群众真真切切地感受到检察机关保护民生的政治担当。

（二）强化综合履职，以法治之力守护群众饮水安全。针对控告事项涉及南水北调水质安全等情况，办案检察机关成立由控告申诉、刑事、公益诉讼等检察部门组成的办案组，着力强化上下一体综合履职，依法启动行刑衔接机制，及时督促有关部门清理处置危险废物，做实侦查监督协作，协同推进案件办理和溯源治理，充分展现了检察机关守护南水北调工程沿线群众饮水安全的法治担当。

案件三

辽宁董某羽国家司法救助案

【关键词】

强制猥亵案被害人　残疾未成年人　检察长接访　提前介入　综合帮扶

【基本案情】

被救助人董某羽，系吕某强制猥亵案被害人。

2023 年 9 月 9 日 18 时许，吕某以送给董某羽（系未成年人）熊猫玩具为由，将其骗至辽宁省沈阳市大东区某住所，对其进行强制猥亵。经法医鉴定，董某羽患有重度精神发育迟缓，无性防卫能力。2023 年 9 月 10 日，沈阳市公安局大东分局以吕某涉嫌强制猥亵立案侦查并采取刑事拘留措施，于2023年9月17日变更为监视居住，经沈阳市大东区人民检察院提前介入引导侦查，于2024年3月5日移送审查起诉。2024年3月27日，大东区人民检察院以吕某犯强制猥亵罪向大东区人民法院提起公诉。

【检察机关履职过程】

案件来源。2024年1月26日，大东区人民检察院根据辽宁检察机关领导干部接待群众来访“百千万”工程的要求，由该院检察长在12309检察服务中心接待乔某某。乔某某反映：其女儿董某羽系智力残疾未成年人，因无法准确表述案件经过，导致吕某强制猥亵案证据不足，办案陷于停顿，要求检察机关监督。该院检察长在接访过程中还了解到，董某羽家庭因案导致生活困难，发现本案司法救助线索。

审查办理。该院检察长接访后，第一时间召开案件研商会，成立由检察长带头推进，控告申诉、刑事检察部门联合协作的工作专班，同步推进吕某强制猥亵案提前介入引导侦查和董某羽国家司法救助案件办理工作。该院会同公安机关，多次到案发地开展实地走访，从犯罪嫌疑人吕某的邻居处获得关键证词，使案件侦破工作取得突破性进展；经检察官多次走访获得董某羽信任，在其家长配合和专业人员的指导下，董某羽稳定陈述案件事实，形成与证人证言相互印证的完整证据链条，有力推动吕某强制猥亵案办理。同时，经调查核实，查明：董某羽系未成年人，智力残疾二级，自幼父母离异，由母亲乔某某抚养。母亲乔某某患有多种疾病，无劳动能力，属低保家庭。父亲董某江欠有外债，以打零工为生，至今未支付过抚养费。案发后，董某羽出现暴躁易怒、打人毁物、夜晚难以入睡等应激反应，家庭生活陷入困境。大东区人民检察院审查认为，董某羽符合司法救助条件，且系遭受刑事犯罪侵害的智力残疾未成年人，属于检察机关司法救助的重点对象，决定予以救助，快速发放司法救助金，解决其面临的急迫生活困难。

延伸工作。为进一步加大救助力度，大东区人民检察院针对被救助人面临的实际困难，积极协调有关部门开展多元化救助帮扶措施：一是区妇联将董某羽纳入重点关注对象，定期安排心理咨询人员对董某羽进行心理疏导；二是区司法局帮助被救助人申请提供法律援助律师，更好地满足诉讼需求，向被告人另行提起民事赔偿诉讼以及起诉董某羽父亲支付抚养费；三是区教育局以及被救助人所在学校，为董某羽发放困难学生资助金，减免餐费、校车以及教辅材料等费用；四是被救助人所在的街道办和社区居委会，跟踪回访关注董某羽身体情况和生活状况，定期进行慰问。

大东区人民检察院还以本案办理为契机，与公安机关、街道办、特殊教育学校等召开联席会议，建立“检察机关+街道+校园+X”的未成年人综合保护机制，适时开展多种形式的法治宣讲活动，提升学生对犯罪侵害行为的辨别能力，形成保护智力残疾未成年人合法权益的长效工作机制。

【典型意义】

（一）坚持和发展新时代“枫桥经验”，用心用情做实“检护民生”。对涉及民生以及重点人群的信访事项，检察机关以院领导接访为牵引，压实首办责任和属地责任，积极履行法律监督职责，提前介入引导侦查，依法公正处理案件，积极回应当事人诉求，有效将矛盾化解在基层，把问题解决在当地。

（二）衔接开展社会救助，着力解决被救助人“急难愁盼”。检察机关发挥司法救助“雪中送炭”功能作用，及时发放司法救助金，并立足被救助人实际困难，积极协调开展心理疏导、法律援助、学习生活费用减免、回访慰问等多元化综合帮扶措施，实现司法救助与社会救助有机衔接，有力提升司法救助工作质效。

（三）建立长效工作机制，有效推进“诉源治理”。针对原案反映出的智力残疾未成年人权益保护等问题，检察机关与公安机关、街道办和特殊教育学校共同创建“检察机关+街道+校园+X”的综合保护机制，明确各自职责，强化保护合力，精准守护智力残疾未成年人合法权益，有效推动案涉领域普遍性、倾向性问题诉源治理。

案例四

四川李某颖、李某艺国家司法救助案

【关键词】

未成年被害人　乡镇检察联络员　联合救助　心理疏导　救助回访

【基本案情】

被救助人李某颖、李某艺，均系周某军过失致人重伤案被害人。

2020 年 3 月 18 日，周某军锯断自家门前的榕树后，为避免树桩再发新芽，周某军试图用汽车清洁动力剂将树桩彻底烧死，在试点火确定汽车清洁动力剂燃烧性能过程中，树桩上残留的火苗引爆了装有汽车清洁动力剂的塑料瓶，火焰瞬间烧到在旁边观看的李某颖、李某艺等人身上。事后，周某军将二人送至医院抢救。经鉴定，李某颖胸腹部、右肘、双下肢烧伤，属重伤二级；李某艺烧伤致重度容貌毁损，全身瘢痕，左手功能丧失，呼吸道吸入性损伤，分别属重伤一级、重伤二级、轻伤一级、轻伤二级。2020 年 3 月 27 日，四川省乐山市公安局沙湾区分局以周某军涉嫌过失致人重伤罪立案侦查，于 2022 年 10 月 7 日移送沙湾区人民检察院审查起诉。

2023 年 5 月 31 日，沙湾区人民检察院依法提起公诉。2023 年 9 月

14 日，沙湾区人民法院以周某军构成过失致人重伤罪判处其有期徒刑两年。

【检察机关履职过程】

案件来源。2022 年 8 月 23 日，沙湾区某镇 12309 检察服务分中心的检察联络员向沙湾区人民检察院移送线索：该镇两幼童被火烧伤，现已度过危险期，但双方经济状况不好，医治能力有限；双方矛盾尖锐，受伤幼童父母情绪很大，希望检察机关处理。

审查办理。沙湾区人民检察院收到线索后，立即启动司法救助程序，经进村入户调查核实，查明：案发前，李某颖、李某艺一家共 5 人，李某颖上小学二年级，李某艺上幼儿园；其父母经营街边小吃，收入较低，系家庭主要经济来源；其祖母近 60 岁，患有白内障，无稳定经济收入。案发后，李某颖、李某艺伤情严重，前期医治已花费 140 万余元，后续还需不断进行松解手术、植皮、左手功能等康复治疗，费用巨大，其父母无力负担，且二人为陪同医治和照顾被救助人，已中断小吃经营，家庭失去经济来源。周某军为普通工薪家庭，赔偿能力十分有限。李某颖、李某艺急需救治，家庭生活陷入困境。

沙湾区人民检察院认为，李某颖、李某艺因周某军过失致人重伤案急需救治，但其家庭无力承担医疗费用，符合检察机关司法救助条件，且系因案致困未成年人，属于检察机关司法救助的重点对象。为加大救助力度，沙湾区人民检察院决定提请乐山市人民检察院、四川省人民检察院进行联合救助，开通司法救助绿色通道，加快案件办理进度，联合发放司法救助金。

延伸工作。为解决被救助人后续医治面临的巨大医疗费用缺口问题，沙湾区人民检察院多措并举，着力解决被救助人家庭的急难愁盼。一是对周某军就刑事赔偿、谅解等从轻情节进行释法说理，敦促其变卖非居住商品房，筹款赔偿；二是组织全院干警捐款，推动沙湾区有关社会救助部门以发放慰问金、爱心捐款、指导申请“轻松筹”“水滴筹”等方式筹款；三是经四川省、乐山市人民检察院，协同推动四川省妇联、妇女儿童基金会以及乐山市妇联、关心下一代工作委员会等部门，向被救助人发放各类社会救助款项。截至 2024 年 4 月，在沙湾区人民检察院的帮助下，两名被救助人的医疗费难题基本得到解决。

2024 年 3 月，沙湾区人民检察院针对被救助人面临的其他生活困难，以纵深推进“检护民生”专项行动为契机，积极协调相关部门开展综合帮扶。一是区民政局将李某颖、李某艺及二人父亲纳入低保，保障家庭基本生活；二是区教育局减免书杂费，发放生活费补助，指导李某颖、李某艺所在学校（幼儿园）对二人给予更多关心爱护，建立健全未成年人心理问题的早期发现和及时干预机制；三是区残联为李某艺评定残疾等级，给予相应生活补贴。

司法救助案件办结后，沙湾区人民检察院邀请高校社工专家开展回访，为被救助人进行心理疏导，指导其父母更加关注被救助人心理状况和情感需求。目前，被救助人已正常上学，心理状态平稳，父亲在某饭店从事厨师工作，母亲重新开始经营小吃，家庭生活逐渐步入正轨。

【典型意义】

（一）能动履职收集案件线索。检察机关延伸检察服务触角，积极利用检察力量下沉至乡镇、村组，加大司法救助案件线索收集力度，较好解决线索发现难等问题。

（二）高质效办理司法救助案件。针对救助需求较大的实际，三级检察院进行联合救助，开通绿色通道，形成多级联动的快速响应机制，促进解决被救助人面临的急迫困难，充分展现检察机关“高质效办好每一个案件”的基本价值追求。

（三）积极衔接开展社会救助。立足更好解决被救助人面临的实际困难，坚持司法救助与社会救助有机衔接，主动协调有关部门开展心理疏导、民政救助、教育帮扶，实现“单一救助”向“多元帮扶”转变，有效传递检察温暖，进一步强化民生司法保障。

民生无小事　履职见担当
高质效办好涉民生控告申诉案件

——最高人民检察院第十检察厅负责人就发布涉民生控告申诉检察典型案例（第一批）答记者问

为深入学习贯彻习近平法治思想，认真落实全国检察长会议部署要求，深入推进“检护民生”专项行动，持续做实人民群众可感受、能体验、得实惠的检察为民，最高人民检察院于2024年5月30日印发第一批涉民生控告申诉检察典型案例。最高人民检察院第十检察厅负责人就相关问题回答了记者提问。

问：最高人民检察院发布涉民生控告申诉检察典型案例的背景和主要考虑是什么？这批案例有何特点？

答：2024年1月，全国检察长会议部署开展“检护民生”专项行动，着力加强民生司法保障，切实维护人民群众合法权益。2月，最高人民检察院印发《全国检察机关开展“检护民生”专项行动实施方案》，要求围绕就业、食药、社保、住房、养老、环保等民生热点以及劳动者、消费者、妇女、老年人、未成年人、残疾人等重点人群，聚焦一个地区、一类人群、一个行业、一个领域等突出民生问题，因地制宜、有针对性地开展专项行动。最高人民检察院第十检察厅专门印发《关于控告申诉检察部门贯彻落实“检护民生”专项行动实施方案的通知》，明确提出“六项推进措施”，强调充分发挥控告申诉检察职能，积极主动找准落实检察为民的切入点和着力点，集中力量办好各类涉民生控告申诉案件，解决人民群众急难愁盼，推动“检护民生”专项行动在控告申诉检察工作中更好落地见效。各地控告申诉检察部门积极行动，把开展“检护民生”专项行动作为深入学习贯彻党的二十大精神、坚持人民检察为人民的务实举措，作为贯彻落实“高质效办好每一个案件”基本价值追求的有力抓手，作为深入推动信访工作法治化的重要途径，切实提高政治站位，深化思想认识，精心组织、周密部署、统筹推进，取得初步成效，并涌现了一批办理效果较好的涉民生控告申诉检察案件。为充分发挥典型案例示范作用，进一步推动各地控告申诉检察部门积极作为、真抓实干，扎实深入开展“检护民生”专项行动，第十检察厅面向全国检察机关征集了涉民生控告申诉检察典型案例，经过层层筛选，最终选定广西黄某标申请民事监督案等作为第一批涉民生控告申诉检察典型案例予以发布。

该批案例具有以下突出特点：一是案件类型多样，覆盖面广。从案件性质类型看，有申请民事监督案，有涉及污染环境犯罪的控告案，还有对因犯罪侵害致被害人生活困难的司法救助案等。从涉民生情况看，有环保领域民生热点问题，也有事关老年人、未成年人、残疾人、退役军人、农村困难妇女等重点人群权益保障的突出问题，具有较强的代表性。二是案件发生在群众身边，关乎群众切身利益。该批案例聚焦人民群众对美好生活的向往，做到“小案”不小办、“小事”不小看。如广西黄某标申请民事监督案，大检察官下基层主动接访解决其合理诉求，把矛盾纠纷化解在群众“家门口”。三是集中展现检察机关“高质效办好每一个案件”的基本价值追求，用心用情做实做优人民群众可感受、能体验、得实惠的“控申为民”。如河南冯某等人控告案，该案涉及南水北调水质安全问题，检察机关强化一体履职、综合履职、能动履职，依法启动行刑衔接机制，及时督促有关部门清理处置危险废物，协同推进案件办理和溯源治理，充分展现了检察机关守护南水北调工程沿线群众饮水安全的法治担当。又如四川李某颖、李某艺司法救助案，检察机关在发放救助金的同时，为解决被救助人后续医治面临的巨大医疗费用缺口问题，多措并举帮助两名被救助人筹得款项，医疗费难题得到较好解决。

问：在“检护民生”专项行动中，控告申诉检察部门如何做到积极回应群众诉求，做实让人民群众可感受、能体验、得实惠的“控申为民”？

答：控告申诉检察是检察机关法律监督工作的“富矿”。第十检察厅在组织全国控告申诉检察部门开展“检护民生”专项行动中，着力从以下方面切实保障群众的权利，积极回应群众诉求，推动专项行动在控告申诉检察工作中扎实见效。

一是优先受理审查涉民生信访事项。坚持和发展新时代“枫桥经验”，进一步畅通和规范群众诉求表达、利益协调、权益保障渠道。对接收的涉民生信访事项，优先受理、优先审查、精准分流转办。严格规范落实“7日内程序回复、3个月内办理过程或者结果答复”，推动群众信访“件件有回复”从“做得到”向“做得好”转变。

二是设置涉民生专用接待窗口。全国四级检察机关在12309检察服务中心设置妇女儿童权益保护专用接待窗口，对涉及妇女儿童权益司法保护的五类控告申诉案件实行“一窗直达”，做到优先接待、及时移送、依法办理，为依法及时解决妇女儿童合法合理诉求，主动提供更加优质、高效、便利的检察服务。

三是积极构建多元化便民利民工作机制。树牢“我把群众当亲人”理念，不断优化“网上+线下”检察服务模式，优化调整12309中国检察网“我要信访”使用功能，拓展网上信访覆盖面，着力打造“实体、网上、掌上、热线”四位一体的检察便民机制，以便民利民促进信访秩序优化，并逐步实现接访工作从程序性回复向实体性解决问题转变。

四是高质效办理涉民生控告申诉案件。对“检护民生”专项行动明确的控告申诉案件，强化甄别审查，依法及时导入检察监督程序，切实加大办案力度，提高办案效率，提升办案质效，确保在实体上实现公平正义，在程序上让公平正义更好更快实现，在效果上让人民群众可感受、能感受、感受到公平正义，有效回应人民群众对维护自身权益的诉求和期待。

五是努力减轻信访群众访累诉累。按照信访工作法治化要求，以提升控申案件的结案率和息诉率、促进解决群众急难愁盼为目标，积极稳妥推进多元解纷平台建设，在 12309 检察服务大厅全面推行简易听证，综合运用释法说理、心理疏导、社会帮扶等手段和教育、调解、疏导等办法，依法及时就地解决群众合法合理诉求，防止“程序空转”，切实把矛盾纠纷前端预防、就地化解等法治化实质性化解理念贯穿履职办案全过程。

问：2024 年是《中华人民共和国国家赔偿法》颁布 30 周年，该法的颁布实施，在保障公民、法人和其他组织合法权益，缓解赔偿纠纷等方面发挥了重要作用。检察机关办理国家赔偿案件，如何充分保障赔偿请求人合法权益，更好保障民生？

答：国家赔偿请求权是宪法和法律赋予公民、法人和其他组织的一项重要权利。2024 年 5 月 14 日，最高人民法院、最高人民检察院与全国人大常委会法工委在人民大会堂联合举办了纪念《中华人民共和国国家赔偿法》颁布 30 周年座谈会。会议对今后进一步开展好国家赔偿工作，更好保障赔偿请求人合法权益，促进国家赔偿纠纷法治化实质性化解，提出了明确要求。检察机关要认真学习贯彻，进一步做好检察环节的国家赔偿工作。

一是坚持以人民为中心，依法保障国家赔偿请求权。准确把握新时代国家赔偿工作的定位，充分发挥国家赔偿工作在化解矛盾纠纷、重塑司法公信、促进公正廉洁执法中的积极作用。结合“检护民生”专项行动，落实人权保障，依法、公平、及时赔偿。

二是牢固树立依法赔偿理念。进一步强化“如我在诉”理念，对本院作为赔偿义务机关的国家赔偿案件，符合法定赔偿条件的，当赔则赔、应赔尽赔。完善赔偿权利告知、意见听取、赔偿协商、决定执行、领导办案等机制，切实提升工作效率，做到案件质量、效率、效果有机统一于公平正义。

三是全面履行赔偿监督职责，切实提升办案质效。严格按照法定的监督条件、范围和程序，综合运用提出监督意见的方式，全面规范履行监督职责，坚决纠正因赔偿决定不当对当事人造成二次侵权。会同司法行政机关持续深化公益律师免费代理首次申请国家赔偿案件，协同有关部门做好社会帮扶衔接工作，积极帮助赔偿申请人融入社会。

四是积极推动国家赔偿案件诉源治理。忠实履行宪法和法律赋权，全面加强对立案、侦查、审判和执行活动的法律监督，促进严格执法、公正司法，规范强制措施和强制性侦查措施适用，切实防止冤错案件发生，切实防范和纠正侵犯公民、法人和其他组织合法权益的行为，推动高质效办好每一个司法案件，实现检察权依法公正高效廉洁运行，促进国家赔偿案件的源头治理、系统治理。

问：持续深入推进司法救助工作，是检察机关开展“检护民生”专项行动的重要方面。对此，全国检察机关主要做了哪些工作？

答：检察机关开展司法救助工作，是在办案过程中对因案导致生活面临急迫困难的当事人采取的辅助性救济措施，对被救助群众而言具有“扶危济困”“救急解难”“雪中送炭”的积极功能作用。第十检察厅明确要求把“司法救助助力全面推进乡村振兴”和“关注困难妇女群体，加强专项司法救助”两个专项活动，主动融入“检护民生”专项行动，作为落实以人民为中心的发展思想、解决群众急难愁盼的有力举措，切实加大对农村地区生活困难当事人以及困难妇女儿童等重点人群的救助力度，进一步强化司法救助工作的民生保障功能，以实实在在的工作成效，服务党和国家工作大局。

一是持续巩固全院“一盘棋”推进司法救助工作格局。各级控告申诉检察部门加强与刑事检察、民事检察、行政检察、未成年人检察以及案件管理等部门的协作，着力发挥控告申诉检察部门办理司法救助案件的“专责优势”和其他办案人员发现移送司法救助线索的“一线优势”，努力在检察环节做到“应救助尽救助”。

二是持续推动理顺司法救助金审批及保障机制。加强与党委政法委、财政部门的沟通汇报，推动实行司法救助资金预拨付或先办理后报备的审批模式，不断提升办案质效。优化上下级联合救助模式，通过上级院提级办理或下级院报送、上级院审核、三级院联动等方式，强化救助资金的统筹保障使用。加强与慈善总会、民间公益性组织的协作，依规拓展救助资金来源渠道。

三是借力大数据赋能，促进提升司法救助质效。围绕“检护民生”专项行动明确的重点救助需求人群，积极探索构建大数据赋能司法救助模型，实时、高效、智能筛查司法救助线索，减轻检察人员摸排线索、入户调查核实、协调多元救助等工作的负担，以助力强化司法救助工作的全面性、及时性，促进实现救助“力度”和民生“温度”的双提升。

四是开展救助回访，扎实做好司法救助与社会救助衔接工作。检察机关发放司法救助金后，定期开展救助回访工作，跟进了解救助资金使用效果，努力实现“一次救助，长期关怀”。对救助后仍然面临子女入学、基本生活保障、住房、养老、医疗、就业等实际困难的当事人，积极协调有关部门、社会组织衔接开展社会救助帮扶，进一步做实做优检察为民，彰显党和政府的民生关怀，让被救助人充分感受到中国特色社会主义制度优越性。

问：下一步，控告申诉检察部门将采取哪些具体措施，进一步融入“检护民生”专项行动？

答：按照《全国检察机关开展“检护民生”专项行动实施方案》要求，各级控告申诉检察部门要始终站稳人民立场，更加主动找准运用检察力量做实司法为民、服务中国式现代化的切入点和着力点，用心用情办好关乎人心向背的民生案件，确保检察权为人民行使、让人民满意，厚植党的执政根基。

一是大力推进检察信访工作法治化。健全群众信访“件件有回复”动态跟踪提醒与督促办理工作机制，依法及时答复信访人，努力在源头上减少程序性事项信访。贯彻落实“干部下基层开展信访工作”要求，制定各级院领导接访下访、包案化解工作方案，采取带案下访、重点约访、专题接访等形式，压实领导干部接访下访、包案化解责任，推动解决信访难题，有效减少群众访累诉累。严格落实基层院领导包案办理首次信访案件制度，加大初信初访办理力度，提高初信初访的及时受理率、按期办结率和群众满意率，努力把检察信访矛盾化解在首办环节。

二是大力提升控告申诉案件办理质量。坚持“三个善于”，立足办理刑事申诉、国家赔偿、民事申请监督初核、刑事立案监督、律师阻权等职能，对涉及残疾人、老年人、未成年人、妇女、农民工、军人、军人家属和英雄烈士等特定群体权益保障的重点控告申诉案件，全面落实院领导包案、调卷审查、听取意见等要求，增强控告申诉检察办案的完整性和亲历性，主动开展调查核实，积极开展释法说理、公开听证等工作，确保当事人合法权益得到有效救济。对当事人诉求不予支持的，同步做好对当事人的疏导教育、矛盾化解、救助帮扶等工作，切实防止程序空转、矛盾上行。要及时总结经验做法，编发具有示范意义的典型案例。

三是切实加大对重点人群的司法救助力度。坚持问题导向、目标导向，对“司法救助助力全面推进乡村振兴”和“关注困难妇女群体，加强专项司法救助”专项活动确定的六类农村地区生活困难当事人和“5+2”类困难妇女，进一步加大司法救助和衔接帮扶工作力度，防止因案返贫致贫，助力全面推进乡村振兴，全面保障妇女合法权益。持续加强与农业农村、妇联组织等单位的沟通协作，实现信息共享、工作互动、效果互促。充分落实军地检察协作意见，进一步开展好涉军司法救助工作，促进解决退役军人和军人军属家庭因案致困问题。

四是大力推进司法救助与社会救助衔接机制建设。结合社会救助立法，进一步健全与农业农村等部门和妇联等组织的救助协作配合机制，积极与有关职能部门建立更加广泛、深入、高效的救助帮扶衔接机制，更好地推动解决被救助人急难愁盼问题。

（来源：最高人民法院网站）

最高人民检察院
关于印发《文物和文化遗产保护检察公益诉讼典型案例》的通知

（2024 年 6 月 8 日）

各省、自治区、直辖市人民检察院，解放军军事检察院，新疆生产建设兵团人民检察院：

为深入贯彻习近平法治思想和习近平文化思想，进一步贯彻落实党的二十大有关“加大文物和文化遗产保护力度”部署要求，准确把握文物和文化遗产保护的新形势新任务，充分发挥典型案例引领示范作用，以高质效司法办案助力文物和文化遗产保护，最高人民检察院选编了“内蒙古自治区达拉特旗人民检察院诉达拉特旗 A 煤矿、B 煤炭公司损毁文物公益诉讼案”等 8 件案例，作为文物和文化遗产保护检察公益诉讼典型案例。现印发你们，供各地办案时参考借鉴。

文物和文化遗产保护检察公益诉讼典型案例目录

1. 内蒙古自治区达拉特旗人民检察院诉达拉特旗A煤矿、B煤炭公司损毁文物公益诉讼案

【关键词】

公益诉讼　文物本体灭失　虚拟修缮　一体化履职

【要旨】

针对全国重点文物保护单位秦直道遗址本体完全灭失问题，检察机

关发挥一体化办案优势，以行政公益诉讼督促行政机关履行监督管理职责；在文物保护效能仍明显不足的情况下以民事公益诉讼补位兜底，充分探索以虚拟修缮成本认定文物损害价值，实现对文物的立体保护。

【基本案情】

秦直道遗址是第六批全国重点文物保护单位，部分点段被列入国家文物局《大遗址保护利用“十四五”专项规划》。秦直道遗址南起陕西省云阳县，北至内蒙古自治区包头市九原区，全长 700 多公里，是我国古代重要的交通枢纽、贸易通道、移民路线和民族融合大通道，享有“世界公路鼻祖”的美誉，其对研究我国古代交通史及秦代历史具有重要价值。2009 年至 2020 年，内蒙古鄂尔多斯市达拉特旗 A 煤矿、达拉特旗 B 煤炭有限责任公司在秦直道遗址本体上进行煤炭生产作业，造成 3214. 01 米秦直道遗址完全灭失，损害了国家利益和社会公共利益。

【调查和诉讼】

2023 年 3 月 13 日，达拉特旗人民检察院（以下简称达旗检察院）在办理郭某某等 4 人涉嫌故意损毁文物罪案件中发现本案线索并向鄂尔多斯市人民检察院（以下简称鄂尔多斯市院）移送。鄂尔多斯市院审查后认为，达拉特旗人民政府在建设工程文物前置审批、文物保护执法上存在监管漏洞，遂于 2023 年 10 月 30 日向达拉特旗政府提出检察建议，建议其落实主体责任，夯实文物保护基础，加强秦直道遗址保护人力资源配置，严格落实建设用地文物前置审查制度。达拉特旗人民政府高度重视，并于 2023 年 12 月 29 日回函表示已严格落实相关责任，聘请专业公司对秦直道遗址做了专项文物调查勘测，在涉及秦直道遗址的重要地段增设安全警示牌 4 块，聘用 4 名文物保护管理员定期进行安全巡查；已严格落实建设用地文物前置审查制度；今后将继续完善规划，探索长效保护机制。

鄂尔多斯市院经评估认为，即使行政机关已经履职，但秦直道遗址毁损多年，国家利益和社会公共利益持续处于受侵害状态，可以追究A煤矿、B煤炭公司的文物损害赔偿责任。因刑事案件在旗检察院办理，综合考虑调查取证的便利性、诉讼的连贯性，将本案民事公益诉讼线索交由达旗检察院立案调查。

2023年7月5日，达旗检察院对达拉特旗A煤矿、B煤炭公司损毁文物民事公益诉讼案立案调查。检察机关做细做实调查取证，因本体完全灭失，难以确定秦直道遗址具体毁损范围，检察机关邀请内蒙古博物院专家多次深入遗址开展现场勘验工作，最终明确秦直道遗址损毁范围和程度。2023年10月17日，达旗检察院通过正义网发布公告，公告期满后无适格主体提起诉讼。2023年9月25日，达旗检察院向市检察院报请指定管辖，经商请鄂尔多斯市中级人民法院并报内蒙古自治区高级人民法院审批，2023年11月6日，内蒙古自治区高级人民法院裁定该案由达拉特旗人民法院审理，2024年1月4日，市检察院指定达旗检察院对本案提起诉讼。

根据文物保护法相关规定，不可移动文物已经全部毁坏的，应当实施遗址保护，除特殊情况且经严格批准外，不得在原址重建。为确定诉讼请求，达旗检察院咨询内蒙古博物院、陕西省博物院等多家鉴定机构，均表示无法对秦直道遗址损害价值进行鉴定。内蒙古自治区检察院积极与内蒙古自治区文旅厅沟通，多次召开三级检察机关与文保部门的联席会议，最终依据内蒙古文旅厅专家意见，委托具有文物保护工程勘察设计甲级资质的文物修缮公司做出虚拟修缮方案，以虚拟修缮成本最终确定秦直道遗址的损害价值。2024年2月6日，三级检察机关邀请自治区文物专家库专家、相关行政机关召开论证会，针对以虚拟修缮成本认定损害价值可行性、虚拟修缮方案科学性等问题进行论证，确定可将虚拟修缮成本作为认定秦直道遗址损害价值的法律依据，并对虚拟修缮部分测量数据出具专家意见，最终确定秦直道遗址虚拟修缮成本为

506. 66 万元。

2024 年 3 月 12 日，达旗检察院向达拉特旗人民法院提起民事公益诉讼，诉请判令二企业分别依法赔偿因损毁秦直道遗址的虚拟修缮费用 3944907. 93 元和 1121691. 62 元，共同承担评估费用 475000 元。2024 年 4 月 24 日，达拉特旗人民法院依法组成七人审判庭开庭审理本案，法院院长主审，检察长出席诉讼，并邀请辖区相关企业、旗镇两级文物执法人员及人民监督员列席旁听。

2024 年 4 月 28 日，达拉特旗人民法院依法作出一审判决，支持检察机关全部诉讼请求。截至目前，秦直道遗址损害虚拟修缮价值费用和评估费用共计 5541599. 55 元均已履行完毕，并交公证处提存，拟用于达拉特旗文物保护。

【典型意义】

检察机关综合运用行政、民事两种公益诉讼，通过行政公益诉讼督促行政机关落实文物保护责任。在行政机关依法履职但文物保护效能仍明显不足的情况下，及时启动民事公益诉讼，以“诉”的确认补位行政公益诉讼，形成公益保护闭环。针对不可移动文物损毁价值难以确定，检察机关发挥一体化履职优势，加强与文保部门沟通，创新运用虚拟修缮评估方式对损害程度量化分析，合力破解文物保护领域损害价值确定难的公益保护难题，为办理同类文物保护民事案件提供借鉴参考。

2. 新疆维吾尔自治区人民检察院阿克苏分院诉某公司破坏文物民事公益诉讼案

【关键词】

民事公益诉讼　烽火台遗址保护　保护性考古修复　协同履职

【要旨】

针对行政手段无法满足文物和文化遗产保护现实需要的情形，检察机关可依据行政机关和专业机构出具的评估鉴定与保护方案提起民事公益诉讼，用司法力量推进文物古迹保护工作，确保文物古迹得到科学修复和有效保护。

【基本案情】

新疆维吾尔自治区阿克苏地区拜城县沙拉依塔木烽火台，是唐代西域长城的一部分，2014 年被确定为自治区级文物保护单位，该遗址对研究唐代西域军政防御体系、边塞烽火台通讯和丝绸之路文化兴衰等具有极高研究价值。2010 年拜城县某公司在沙拉依塔木烽火台核心保护区内擅自搭建信号增强设备和电缆杆，对沙拉依塔木烽火台历史风貌造成严重破坏。

【调查和诉讼】

2021 年 8 月 20 日，新疆维吾尔自治区阿克苏地区拜城县人民检察院（以下简称拜城县院）在专项工作中发现沙拉依塔木烽火台保护范围核心区内有信号增强设备损害文物古迹案件线索。经初查，某公司未经文物行政主管部门核准，在沙拉依塔木烽火台遗址核心保护区内擅自搭建信号增强设备、电缆杆等工程设施，造成沙拉依塔木烽火台历史风貌遭到破坏。某公司虽对相关设施予以拆除，但施工时深挖坑洞，打入地下的水泥基座仍然残留在遗址核心区内未予清除。

2021 年 9 月 3 日，拜城县院以民事公益诉讼立案，并于同日履行公告程序，公告期满，无法律规定的机关和有关组织提出起诉。拜城县院委托阿克苏地区拜城县文化体育广播电视和旅游局（以下简称县文旅局）文物保护专家对烽火台受侵害情况进行评估，2022 年 5 月 17 日，经文物专家组对现场勘查、反复讨论后，向拜城县院出具鉴定意见与修复方案。鉴定意见明确，某公司施工时所挖的坑洞、水泥基座已对遗址主体结构造成破坏，需进行保护性考古修复。同年 5 月 28 日，拜城县院将本案移送新疆维吾尔自治区人民检察院阿克苏分院（以下简称阿克苏分院）起诉。同年 6 月 2 日，阿克苏分院向阿克苏地区中级人民法院提起民事公益诉讼，请求依法判令某公司停止对文物保护单位的侵害，排除妨碍、消除危险；对已经造成侵害在文物部门的指导下进行修复，并承担修复所需的全部费用，验收评估意见由文物主管部门出具；对侵害行为在阿克苏日报上公开赔礼道歉。

2023 年 3 月 13 日，阿克苏地区中级人民法院对本案进行调解，某公司以本案不属于生态环境范畴、不应当由检察机关提起民事公益诉讼，其无主观故意且在得知该烽火台是文物保护单位后已主动拆除建筑物，未对文物造成任何损害，县文旅局没有文物损害鉴定资质等抗辩意见拒绝调解，并提出检察机关应当撤诉。阿克苏地区中级人民法院委托新疆考古研究所对文物受损状态、修复所需费用以及某公司的责任认定进行评估，出具鉴定报告。

2023 年 9 月 25 日，法院开庭审理本案，经法庭举证质证及辩论，根据环境保护法第二条的规定，案涉烽火台保护属于生态环境领域，法院认为检察机关诉讼主体符合法律规定。结合新疆考古研究所出具的评估鉴定意见，法院当庭作出判决，要求某公司支付沙拉依塔木烽火台遗址核心区保护性考古修复费用 136021. 5 元，由专业的考古研究机构对烽火台遗址进行修复；并就对文物保护单位的侵害行为在阿克苏日报上登报公开赔礼道歉。目前一审判决已生效，某公司已履行判决。

【典型意义】

文物古迹作为历史物质遗存，是我国悠久历史文化的见证和重要载体。检察机关立足人文遗迹的生态环境及文化价值属性，针对企业施工长期破坏文物历史风貌和生态环境且行政手段无法满足保护公益需要时，通过民事公益诉讼彰显公益诉讼制度优势，依法要求违法者承担修复费用并由专业机构进行保护性考古修复，为新疆文物和文化遗产的长效保护贡献检察力量。

3. 贵州省镇远县人民检察院督促保护历史文化名城古建筑文物行政公益诉讼案

【关键词】

行政公益诉讼　文物保护　历史文化名城　文物产权纠纷　形式履职

【要旨】

针对历史文化名城中古建筑文物存在产权纠纷，年久失修导致文物面临毁损灭失风险的问题，检察机关制发检察建议督促整改未果的，应依法提起诉讼促进整改，推动地方立法完善。

【基本案情】

贵州省黔东南苗族侗族自治州镇远古城是中国历史文化名城之一，也是国家5A级旅游景区，镇远古城内的省级文物古建筑北极宫，始建于明朝弘治十六年，是镇远古城重要组成部分。多年来，因产权纠纷无人管理年久失修，北极宫屋顶、椽条等木质结构出现破损、脱落、腐朽，存在坍塌毁损风险。

【调查和督促履职】

2023年4月14日，贵州省黔东南苗族侗族自治州镇远县人民检察院（以下简称镇远县院）收到镇远县人大常委会移送的“关于北极宫年久失修存在坍塌毁损风险需及时进行修缮”的代表建议，经初步调查后依法立案办理。通过现场勘查、调查走访、调阅资料、无人机航拍等方式查明：1985 年 12 月，镇远县轻工业局以 7000 元的价格将北极宫有偿转让给镇远县轻工制絮厂，因产权纠纷无人管理，长年雨水侵入冲刷、阳光暴晒，北极宫屋顶、椽条等木质结构出现破损、脱落、腐朽，存在坍塌毁损风险。根据文物保护法和《历史文化名城名镇名村保护条例》相关规定，镇远县文体广电旅游局（以下简称镇远县文旅局）负有对文物保护管理修缮职责。该局在 2022 年 3 月 30 日编制完成《北极宫勘察设计方案》并报批准后，因产权争议一直未对北极宫进行修缮。

文物保护法第八条第二款规定：“地方各级人民政府负责本行政区域内的文物保护工作。县级以上地方人民政府承担文物保护工作的部门对本行政区域内的文物保护实施监督管理。”文物保护法第二十一条第一款规定：“国有不可移动文物由使用人负责修缮、保养；非国有不可移动文物由所有人负责修缮、保养。非国有不可移动文物有损毁危险，所有人不具备修缮能力的，当地人民政府应当给予帮助；所有人具备修缮能力而拒不依法履行修缮义务的，县级以上人民政府可以给予抢救修缮，所需费用由所有人负担。”2023 年 4 月 16 日，镇远县院依据上述规定，向镇远县文旅局发出检察建议，建议该局积极履行保护管理职责，依法对贵州省级文物保护单位北极宫进行有效保护。2023 年 6 月 2 日，镇远县文旅局书面回复称，北极宫历史修缮不到位的主要原因是产权不清，在产权纠纷协调好后，将及时推进项目开工。

2023 年 7 月 28 日，镇远县院针对北极宫存在产权纠纷，行政机关是否应当及时履行保护修缮职责的问题，邀请人大代表、政协委员、律师代表、镇远县文旅局举行听证会，听证员一致同意检察机关观点，文物面临坍塌损毁风险时，即使存在产权纠纷，行政机关也应及时予以保护修缮。

【诉讼过程】

2023 年 8 月 4 日，经上级院指定管辖，镇远县院依法向镇远县人民法院提起行政公益诉讼，诉请判令镇远县文旅局依法履行对北极宫进行保护监督管理修缮的法定职责。

2023 年 9 月 1 日，镇远县人民法院依法公开开庭审理该案。邀请了人大代表、政协委员、人民监督员参与旁听。9 月 28 日，镇远县人民法院作出一审判决支持检察机关全部诉求，并在判决书中写明北极宫建筑所有权是否存在争议存疑，即便存在争议，但主体建筑年久失修，确有损毁的风险，产权争议与否不影响保护措施的正常进行。判决生效后，县文旅局通过公开招投标，以 198.5 万元价格由第三方专业公司对北极宫进行修缮。截至 2024 年 2 月，北极宫主体框架已经完工，对北极宫损坏梁柱替换，缺失柱石按照原花纹复原，在保存原状原貌基础上，北极宫主体已经修复完成。相关产权争议正在推动实质化解之中。其间，黔东南州检察院向黔东南州人大常委会专题报告，推动修订完善《黔东南苗族侗族自治州镇远历史文化名城保护条例》，新增公益诉讼内容，完善文物、历史建筑等方面的传承与利用等意见建议。

【典型意义】

古建筑文物是历史文化名城的重要组成部分，具有见证历史、促进文化传承发展等公共利益属性。针对行政机关以案涉文物存在产权纠纷为由，履行程序性审批手续，未采取实质性整改措施履行法定职责的，检察机关依法提起行政公益诉讼，以“诉”的确认体现司法价值引领。通过检察履职将办案成果转化为立法建议，促进对历史文化名城文物保护地方立法完善，护航文化名城保护发展。

4. 安徽省望江县人民检察院督促保护褒隐寺塔行政公益诉讼案

【关键词】

行政公益诉讼　文物保护　代表建议转化　跟进监督

【要旨】

针对人大代表提出的省重点文物保护单位因修缮不当，导致文物风貌被破坏，价值受损问题，检察机关将代表建议转化为案件办理，综合运用检察建议、提起行政公益诉讼方式，督促行政机关依法全面履行职责，并依托一体化办案机制，上下联动持续跟进监督，确保文物修缮保护到位。

【基本案情】

褒隐寺塔建于唐宝历二年，重修于明洪武元年。古塔为实心佛塔，塔身造型别致，兼具风水塔作用，类似文物极为罕见，具有很高的文物价值。2012年6月21日被安徽省人民政府公布为第六批全省重点文物保护单位。因修缮不当，古塔原有古朴风貌遭到破坏，其文物价值受到严重影响，社会公共利益遭受损害。

【调查和督促履职】

2022年3月，安徽省望江县人民检察院（以下简称望江县院）依托人大代表建议与公益诉讼检察建议衔接转化机制发现，近年来多名人大代表多次对褒隐寺塔修缮问题提出建议，但未能得到落实。同时，智慧公益诉讼平台推送线索显示，有群众反映褒隐寺塔修缮不当问题。经初核后，望江县院于 2022 年 7 月 1 日作为行政公益诉讼立案。通过实地勘查、走访人大代表、调取相关文物资料查明，褒隐寺塔曾因破损严重于 2016 年 5 月进行修缮，但因方案设计、施工工艺等问题，修复效果不佳，古塔风貌遭到破坏；同年 10 月，安徽省文物局专家组对该塔现场检查评估，对维修工程存在的问题提出整改意见，但该整改意见一直未得到落实，文物价值持续受到影响。

根据文物保护法第八条、第二十一条之规定，2022 年 7 月 4 日，望江县院向负有监管职责的望江县文化旅游体育局（以下简称县文旅体局）制发检察建议，督促其依法履职，查找褒隐寺塔修缮不当的原因并研究制定新的修复方案，推进对褒隐寺塔的保护修复工作。同年 8 月 22 日，县文旅体局回复称，褒隐寺塔修缮工程存在原设计不合理及施工粗糙等问题，该局已向省古建专家咨询整改意见，并委托有资质的研究所完成《褒隐寺塔维修设计方案》，于 8 月 12 日上报省文物局履行审批手续并申请修缮资金。鉴于修缮工作需要一定期限，望江县院遂于 9 月 1 日对该案作出中止审查决定。

为协同推进问题整改，依托一体化办案机制，安徽省人民检察院（以下简称省检察院）经实地调研了解需求后，通过“府检联动”工作机制，向省文物局争取省级文物保护专项经费 50 万元用于褒隐寺塔修缮工程，并协调该局于 2022 年 10 月完成对设计方案审批。

2023 年 2 月，望江县院跟进监督发现县文旅体局在方案审批后仍未开展修缮工作，整改无实质性进展，遂于同年 2 月 26 日对该案恢复审查。

【诉讼过程】

2023 年 4 月 13 日，望江县院向望江县人民法院提起行政公益诉讼，请求判决县文旅体局依法继续履行对褒隐寺塔保护监管职责，及时完成褒隐寺塔修缮工程。

2023年8月3日，望江县人民法院对本案公开审理，市、县两级人大代表以及部分行政机关代表120余人现场旁听观摩。望江县院针对县文旅体局是否存在怠于履行保护监管职责等焦点问题进行充分论证，认为县文旅体局虽采取了向相关部门申报设计方案等整改措施，但推动缓慢，文物修缮工作停滞不前，文物价值持续受到损害。2023年9月13日，望江县人民法院判决县文旅体局继续履行监管职责，及时完成褒隐寺塔修缮工作。

判决后，检察机关跟进文物保护修复情况。省检察院、望江县院先后邀请省、市人大代表和政协委员现场视察该塔整修工作。2023年11月，褒隐寺塔修缮工程竣工并通过验收。

结合办案实际，望江县院撰写《褒隐寺塔现状调研报告》专送县委县政府。望江县委高度重视，开展专题调研并召开县委常委会研究文物保护工作，决定增加文物保护中心人员编制2个、文物保护经费预算4万元；同时推动望江县人民政府部署文物保护专项活动。

【典型意义】

褒隐寺塔是唐代佛教建筑艺术的见证者，不仅为研究实心古塔的建筑特色提供了实证，也为研究国家非物质文化遗产望江挑花提供了实物佐证，蕴含较高的社会价值和旅游开发价值。检察机关从文物的修缮须遵守不改变文物原状原则出发，将人大代表建议所反映问题转化为检察公益诉讼案件办理。对于行政机关整改工作长期停滞的，以“诉”的确认体现司法价值引领，增强法律监督刚性。在法院判决后持续跟进关注整改情况，确保文物得到有效修复。

5. 河北省文安县人民检察院督促保护古城墙遗址行政公益诉讼案

【关键词】

行政公益诉讼　文物保护　科技赋能　违法工程设施

【要旨】

检察机关运用科技手段固定证据，对行政机关未依法履行职责的情形坚决提起行政公益诉讼，明确行政机关的处罚权下放后仍有相应的监督管理职责，通过刚性手段维护了国家利益和社会公共利益，推动相关部门建立城长制工作机制，形成长效保护。

【基本案情】

文安县古城墙，始建于隋朝，距今已有1400余年的历史。1987年11月1日，被文安县政府公布为第一批县级文物保护单位。近年来，随着城市建设迅速发展，古城墙与主城区包容交错，因保护监管不力，大部分城墙坍塌损毁，保存较为完好的东城门段、人民公园段也被违法占用，建设建筑物并设置了变压器、燃气管道、电线电路、宽带网路线路等设施，珍贵的文化遗址遭到严重破坏。

【调查和督促履职】

2023年5月18日，文安县人民检察院（以下简称文安县院）发现当地有数万粉丝的“大V”（已成为“益心为公”志愿者）通过自媒体反映文安县古城墙东城门段有墙砖脱落，危及过往行人安全。

2023 年 5 月 23 日，根据文物保护法和行政机关的“三定方案”，文安县院对文安县文化旅游和广电局（以下简称县文广旅局）立案。经调查，2012 年 10 月 15 日，文安县政府明确城墙两侧各 10 米为文物的保护范围。文安县院利用与自然资源和规划部门共享的卫星遥感系统精准选点定位，掌握被占区域的地类属性；利用无人机航拍照片 157 张，对发现的违法点位予以精准标注，制成“文安县古城墙航拍示意图”；走访相关行政机关调取不动产证明文件，确定占用古城墙原址的建筑设施均属于违法建筑。

2023 年 5 月 26 日，文安县院向县文广旅局制发检察建议，建议该局按照文物保护法第十七条、第十八条、第六十六条，《河北省实施〈中华人民共和国文物保护法〉办法》第四条的规定，及时采取科学、有效措施保护古城墙；对单位或个人损害文物的违法行为予以依法处理。

2023 年 7 月 26 日，县文广旅局回复称：已对古城墙东城门等出现危险的点位采取安全防护性工作；变压器、燃气管道、电线电路等公共设施，须等待暑期用电高峰结束后予以清理整治。文安县院跟进调查核实，县文广旅局已对古城墙重点区域采取了封闭道路和临时性加固防护措施，并制定了整改方案，而在用电高峰期清理上述设施确实将给周边群众带来不便，符合中止审查的法定情形，该院遂于 2023 年 7 月 28 日决定中止审查。

【诉讼过程】

2023 年 10 月初，城区用电量持续走低并保持相对稳定，用电高峰已过，文安县院依法恢复审查。经调查核实，县文广旅局并未及时整改，已经制定的整改方案也并未实际履行。10 月 27 日，文安县院依法向文安县人民法院提起诉讼，诉请确认县文广旅局怠于履行监管职责的行为违法；判令县文广旅局继续履行保护职责，对重点区域进行专业的修复；对残存的古城墙遗址设立保护标识；对破坏古城墙、占用古城墙保护区域的违法行为予以依法处理。

2023年11月28日文安县人民法院对本案开庭审理。庭审中，行政机关辩称侵害文安古城墙的违法行为集中发生在20世纪90年代，负有文物监管责任的行政机关应为“文化局”和“文化体育局”，而非现在的县文广旅局，此外按照文安县2021年行政执法权下放文件的规定，侵害古城墙的行政执法工作应由属地责任的文安镇政府负责。文安县院认为：第一，我国法律明确规定行政机关合并、取消、更名等，其职责由继承权责的行政机关承担，县文广旅局系承接文物监管职责的行政机关，应负有文物保护职责。第二，古城墙遭到破坏、被占用的时间发生在2021年之前，执法权还未下放，且根据《文安县人民政府关于下放乡镇行政处罚事项清单》，明确下放到乡镇的仅仅是文物保护法第六十六条和第七十一条规定的“在文物保护单位的建设控制地带内进行工程建设”“擅自拆除不可移动文物”等行为的处罚权，而非县文广旅局对文物保护的监管责任。文安县法院认为：县文广旅局作为文安县文物保护的监督管理行政机关，对违法占用文安古城墙等破坏文物违法行为负有法定的监管责任。2023年12月29日，文安县法院作出一审判决，支持检察机关的全部诉讼请求。县文广旅局未提出上诉。

判决后，为助推行政机关落实整改，文安县院邀请省人大代表、市政协委员、反映本案线索的自媒体人士召开公开听证会。在检察机关的推动下，县政府统筹住建、综合执法、文化部门以及相关镇政府组成联合执法队对违法建筑物及设施进行清理整治；县文广旅局向县委、县政府作了城墙保护工作的专题汇报，申请了专项资金901.23万元对古城墙遗址予以修缮，并启动了将文安县古城墙提升为“国家级”文物保护等级的申报程序；制定出台《文安县古城墙保护规划》《关于文安县城墙实施城长制工作方案》，建立了城（城墙）长制监管机制，成立县、乡、村城长制办公室，办公室主任由主要同级领导担任，村委会派专人进行日常巡查和维护，对发现的违法行为及时报告，形成了长效保护机制，为充分挖掘古城墙历史价值、文化价值和经济价值奠定了坚实基础。

【典型意义】

针对不可移动文物在经济快速发展背景下保护不力的问题，检察机关综合运用“益心为公”志愿者平台、卫星定位、无人机航拍等办案新手段展开调查，通过制发检察建议、提起诉讼的方式督促职能部门依法履职，通过公开听证推动党委政府正确面对历史遗留问题，建立长效工作机制，聚多方合力破解文物保护难题，取得了良好的政治效果、法律效果和社会效果。

6. 河南省范县人民检察院督促保护晋冀鲁豫野战军旧址行政公益诉讼案

【关键词】

行政公益诉讼　革命文物　协同治理

【要旨】

针对行政机关疏于管理导致革命文物濒临灭失的情形，经检察建议程序督促行政机关未有效整改的，检察机关应依法提起行政公益诉讼，并综合考虑法定职责、履职能力、履职行为，审查判断行政机关未依法全面履职的抗辩事由是否成立。检察机关应持续跟进监督推动协同治理，促进红色资源的保护、管理和利用。

【基本案情】

晋冀鲁豫野战军指挥部旧址（以下简称旧址）位于河南省范县白衣阁乡白衣阁村，是解放战争时期晋冀鲁豫野战军强渡黄河、千里跃进大别山的谋划地、出发地，在中国革命战争史上具有里程碑意义。2019年10月7日，旧址被列为第八批全国重点文物保护单位。2020年12月25日，旧址被认定为河南省第一批不可移动革命文物。由于年久失修，旧址建筑物自然毁损严重，周边环境杂乱，存在灭失风险。

【调查和督促履职】

2022年5月，河南省范县人民检察院（以下简称范县院）在开展红色文物保护专项活动中发现旧址因年久失修濒临灭失的案件线索，于2022年5月30日立案。

范县院通过查询档案、走访调查、现场勘验等方式查明：旧址始建于清末，是一座坐西朝东的典型豫东北风格的平房四合院，砖木结构，墙体系砖包土坯墙，建有北房四间、南房四间、西房三间、东房四间共十五间。抗日战争时期，旧址所在地是冀鲁豫边区的政治、军事、经济、文化中心，曾被誉为“钢铁濮范观”。解放战争1946—1947年期间，旧址是刘邓大军强渡黄河的前沿指挥所，是晋冀鲁豫野战军党委、行署和军分区司令部驻地，刘伯承、邓小平曾在此居住和办公。北房为会议室和刘伯承居住室，南房为作战指挥室和邓小平居住室，西房为军需管理室，东房为通讯室。旧址房屋主体面临倾覆危险，部分房屋房顶坍塌，檩条虫蛀严重，墙体破裂，地面沉降不平。院内荒草满地，院外遍布生活垃圾。有关部门未设立专门保护机构，未设专人巡视看护。旧址长期闭馆无人参观，未得到有效管护利用。

2022年8月23日，依据文物保护法第八条第二款等规定，范县院向范县文化广电旅游体育局（以下简称范县文广局）发送检察建议，建议其对旧址进行修缮保护，优化提升周边环境。2022 年 10 月 21 日，范县文广局书面回复称已制定整改方案，对旧址内外环境进行了优化提升，采用防水布覆盖房顶垮塌处等临时性保护措施，并申请专项资金。此后，范县院多次督促范县文广局整改。2023 年 5 月，范县院发现旧址屋顶破损加剧，北房、南房屋顶各新增坍塌一处，文物本体灭失风险加剧。

【诉讼过程】

2023 年 6 月 9 日，范县院依法向范县人民法院（以下简称范县法院）提起行政公益诉讼，诉请判令范县文广局依法全面、充分履行管理、修缮和保护职责。2023 年 6 月 28 日，范县法院公开开庭审理本案。范县文广局辩称，已联合属地政府对周边环境进行优化，正申请专项资金，并以资金未全部到位作为抗辩事由，辩称其履职存在客观不能。范县院采取多媒体示证证明：旧址经检察建议程序督促后仍缺乏常态化管理保护，房顶垮塌面积持续扩大；范县文广局未采取有效措施，未依法全面履职，行政机关内部资金审批程序没有完成非法定免责事由。经审理，范县法院当庭判决支持范县院的全部诉讼请求，判令范县文广局于判决生效之日起九十日内对旧址履行保护管理职责。判决生效后，范县院持续跟进监督，督促范县文广局积极履职，按照修缮方案对旧址房屋毁损的主梁、坍塌的屋顶进行更换和修复，对门窗、檩条、墙体进行全部修缮，对周边进行地面硬化、绿化、美化。

范县院会同文广旅体、国防教育等四部门联合开展革命文物保护专项监督，开展系统性、整体性治理，共排查、解决革命文物保护存在的问题二十三个，协调当地财政支持两千余万元用于革命文物修缮保护，争创省级爱国主义教育基地。联合文广旅体、应急救援等六部门研究制定《革命文物风险防范和协同保护工作意见》，形成长效预防、管理、保护机制。联合文广旅体、教育等六部门制定《关于革命文物传承利用工作办法》，激活革命文物传承利用，不断深化爱国主义和国防教育宣传工作，先后有两万余人实地参观接受教育，将当地抗日战争、解放战争时期有关革命文物一体纳入红色旅游专线，收到良好的管理、保护、利用效果。

【典型意义】

检察机关在办理文物保护领域公益诉讼案件时坚持“预防性保护”理念，文物本体及风貌存在被侵害危险的，及时启动检察建议程序督促文物行政主管部门履职，其未依法全面履职造成文物濒于毁损灭失的，检察机关依法提起诉讼。判决生效后，检察机关持续跟进监督，推动协同治理，通过开展专项监督活动、制定联合保护利用文件，既把红色资源保护起来，又让红色资源发挥作用“活起来”“用起来”。

7. 江苏省淮安市淮安区人民检察院督促保护吴承恩墓行政公益诉讼案

【关键词】

行政公益诉讼　文物保护　责任认定　撤回起诉

【要旨】

行政机关未依法履职造成文物受损、涉及多个监管部门的，检察机关应调查确定具体责任部门，依法督促履职。

【基本案情】

吴承恩墓位于江苏省淮安市淮安区石塘镇二堡村，1981 年 8 月被文物专家发现，2006 年 6 月被江苏省人民政府公布为第六批省级文物保护单位，是研究吴承恩历史生平和西游文化的重要文物古迹，也是传承中华优秀传统文化的重要载体。但由于长期缺乏专业管护，吴承恩墓园地面、四方亭顶部木结构破损严重，园内杂草丛生，砖石牌坊损坏。

【调查和督促履职】

2023 年 5 月 4 日，江苏省淮安市淮安区人民检察院（以下简称淮安区院）接到群众举报的本案线索后，通过实地走访、无人机航拍等方式进行初步调查，同年 5 月 12 日立案。

经调查查明：2006 年，江苏省淮安市楚州区人民政府（现江苏省淮安市淮安区人民政府，以下简称区政府）制定吴承恩墓文物保护责任通知书，明确江苏省淮安市楚州区马甸镇人民政府（现江苏省淮安市淮安区石塘镇人民政府，以下简称石塘镇政府）为文物保护主体责任单位，江苏省淮安市楚州区文化局（现江苏省淮安市淮安区文化广电和旅游局，以下简称区文旅局）负责监督和指导。2020 年以来，区文旅局针对吴承恩墓及其配套设施长期无人管护、破损严重的问题，提请江苏省淮安市文物局委托专业机构制作吴承恩墓修缮方案，并先后 3 次制发《关于做好文物保护工作的函》，督促石塘镇政府实施修缮。石塘镇政府一直未履行文物保护职责，导致吴承恩墓持续处于受损状态，损害国家利益和社会公共利益。2023 年 6 月 5 日，淮安区院根据《江苏省文物保护条例》第三条第一款、《淮安市文物保护条例》第四条第四款等规定，向石塘镇政府制发检察建议，建议其履行文物保护监管职责，完成吴承恩墓修缮保护工作。两个月整改期满后，石塘镇政府未进行整改，亦未书面回复检察机关。

【诉讼过程】

2023 年 8 月 25 日，根据江苏省淮安市人民检察院（以下简称淮安市院）指定管辖，淮安区院依法向江苏省盱眙县人民法院（以下简称盱眙县法院）提起行政公益诉讼，诉请确认石塘镇政府怠于履行辖区内文物保护职责的行为违法，并要求其依法对吴承恩墓采取保护、修缮等措施。同年 10 月 6 日，石塘镇政府启动吴承恩墓修缮工作，同年 11 月 9 日通过文物保护部门验收。

2023 年 11 月 20 日，石塘镇政府向淮安区院提出撤回起诉请求。2023 年 11 月 24 日，淮安市院批复认为，石塘镇政府已依法履行文物修缮保护职责，检察机关诉讼请求全部实现，同意对该案撤回起诉，并要求在撤回起诉前邀请文物专家等特定人员对公益损害修复效果进行听证。

2023 年 11 月 29 日，淮安区院在吴承恩墓所在地二堡村村委会召开公开听证会，邀请人大代表、政协委员、文物主管部门代表、“益心为公”志愿者等参加听证，实地查看吴承恩墓修缮情况，听取文物修复专家意见，评估整改效果。听证认为，石塘镇政府已严格按照文物保护修复规范完成吴承恩墓修缮保护工作，并书面确认原行政行为违法，诉讼请求已经全部实现，建议检察机关撤回起诉。经淮安区院申请，同年 12 月 15 日，盱眙县法院同意撤回起诉。

为进一步加强文物保护，2023 年 9 月 20 日，淮安区院协同相关职能部门开展“公益诉讼助力古城保护”专项行动，推动相关部门巡查文物保护单位 70 处、修缮市级以上文保单位 4 处、争取文物保护资金 4000 余万元。同时淮安区院助力构建“检察+政协+行政”的文物综合保护工作格局，与淮安区政协建立文物保护类检察建议与政协提案双向转化协作机制，将 2 件文物保护类公益诉讼检察建议纳入 2024 年度淮安区政协提案，推动区政府出台《关于进一步明确淮安区文物保护职责的通知》，重新界定吴承恩墓、关天培墓、汪达之墓等 10 处历史文化名人墓葬保护职责，确定相关行政机关文物保护责任清单。

【典型意义】

名人墓葬是不可再生的文物资源，对于传承、弘扬中华优秀传统文化具有重要价值。检察机关依法开展名人墓葬文物公益保护时，应区分相关行政机关职责范围和具体履职内容，确定监督对象。针对行政机关被提起行政公益诉讼后依法履职、诉讼请求全部实现的情形，组织听证评估其整改成效，同时以常态机制巩固治理成效，既以“诉”的方式体现检察监督的刚性，也为传统历史文化保护探索出共建共治共享新路径。

8. 广东省江门市新会区人民检察院督促保护涉侨文物行政公益诉讼案

【关键词】

行政公益诉讼检察建议　涉侨文物保护　非国有未定级不可移动文物　跨国“云听证”　社会捐赠

【要旨】

涉侨文物是中华民族珍贵的文化遗产，因其产权非国有、保护级别低、修缮资金筹集难等原因面临保护困境。检察机关充分履行公益诉讼职能，通过磋商、检察建议、跨国“云听证”等方式，督促有关职能部门依法全面履行职责，探索公益诉讼监督下的多元化文物修缮路径。

【基本案情】

广东省江门市新会区是著名侨乡，华侨文化资源丰富，其中，以华侨旧居、侨捐建筑、侨办工商业遗址为代表的涉侨不可移动文物，大多是尚未核定公布为文物保护单位的不可移动文物和非国有不可移动文物，保护级别较低。侨胞侨眷因长居海外，难以及时有效管理维护，涉侨文物不同程度存在年久失修、环境脏乱、安全设施不足等问题，国家利益和社会公共利益受到损害。

【调查和督促履职】

2022 年 1 月以来，江门市新会区人民检察院（以下简称新会区院）通过调取文物档案资料、侨捐项目名录、现场走访调查等方法，排查出辖区内共有 9 处涉侨不可移动文物保护状况不佳，其中在 1929 年由华侨捐资建设的梅阁码头旧址，由梅阁村委会作为集体资产进行日常管理和维护，已出现地基沉降、梁柱开裂、墙面剥落等现象，一旦损毁将造成难以恢复的文化资源损失。

2022 年 1 月 6 日、1 月 7 日、3 月 28 日，新会区院先后对负有文物保护工作职责的新会区文广旅体局以及属地的沙堆镇、古井镇、罗坑镇、司前镇、大泽镇人民政府立案。立案后，新会区院组织上述行政机关针对涉侨不可移动文物数量大、产权复杂、修缮费用高、开发难度大等情况进行磋商，厘清监管职责。4 月 1 日，为有效凝聚行政机关与社会各界在涉侨文物保护利用方面的智慧和共识，新会区院举行公开听证，通过“检侨联络站”邀请海外爱国侨领和涉侨领域工作专家参加，海外侨领以视频连线方式参与听证，代表海外侨胞发表意见。同日，新会区院向负责具体整改工作的属地镇政府以集中公开宣告的方式送达检察建议书，与区文广旅体局形成磋商意见。属地镇政府收到检察建议书后，在区文广旅体局的指导下对上述 9 处文物开展基础维护修缮、设施升级改造和周边环境整治，并加强了有关文物的宣传介绍。2023 年 10 月 18 日，新会区院联合区委统战部、区文广旅体局签署了《关于加强涉侨文物保护工作的协作机制》，进一步实现涉侨文物保护工作制度化、常态化。

在行政机关履职同时，为助力解决修缮资金不足问题，新会区院通过江门市侨媒中心等媒体宣传涉侨文物保护工作，获多国侨媒转发报道。梅阁乡亲联谊会得知后积极发动海外华侨捐款，总额超过 180 万元，极大弥补了修缮资金缺口。2023 年底，梅阁码头旧址修缮工程完成后，成了江门侨胞回乡热门打卡点。参加听证会的海外侨领向新会区院发来亲笔信，代表海外侨胞深情寄语检察公益诉讼工作。

【典型意义】

涉侨文物是联系海外侨胞共享中国梦的文化纽带，但由于文物保护级别低，且产权主体身居海外、产权复杂等因素，无法及时有效管护。检察机关通过“检侨联络站”，创建线上办案通道，突破办案时空限制，通过跨国“云听证”，既为海外侨胞表达心声提供便捷途径，又向世界展示了检察公益诉讼职能作用。检察机关通过公益诉讼引入社会捐赠和管护力量，将督促行政机关能动履职、引导社会力量多元参与、传承发展捐赠文化等有机融合，探索破解涉侨文物管理维护困难的有效途径，从而守护海外侨胞“根、魂、脉”，具有独特的国内国际双重意义。

守护好中华文脉 服务文化强国建设

——最高人民检察院第八检察厅负责人就文物和文化遗产保护检察公益诉讼典型案例答记者问

6月8日是2024年的“文化和自然遗产日”，今年的主题为“保护文物 传承文明”。最高人民检察院这一天发布了一批文物和文化遗产保护检察公益诉讼典型案例。这些案例中，有哪些值得关注的文物保护故事？检察机关如何与行政机关、社会各界一道，共同守护文化瑰宝？最高人民检察院第八检察厅负责人就这批典型案例回答了记者提问。

问：最高人民检察院发布这一批文物和文化遗产保护检察公益诉讼典型案例的主要考虑是什么？

答：一是深入贯彻落实习近平法治思想和习近平文化思想。党的十八大以来，以习近平同志为核心的党中央高度重视文物和文化遗产保护工作。党的二十大报告提出“加大文物和文化遗产保护力度”。习近平总书记在文化传承发展座谈会上要求“要像爱惜自己的生命一样保护历史文化遗产，加强文物和文化遗产保护传承，守护好中华文脉”。此批典型案例的发布，旨在引导各级检察机关贯彻落实习近平法治思想和习近平文化思想，充分发挥公益诉讼检察职能，以法治力量服务文化强国建设。

二是助力全社会积极营造保护文物、珍爱文物的浓厚氛围。2024

年6月8日是“文化和自然遗产日”，各地文物行政部门及文博单位围绕主题“保护文物 传承文明”开展宣传活动。最高人民检察院特意在6月8日发布文物和文化遗产保护典型案例，目的是表明检察机关坚持与行政机关、社会各界一道，着力于加强文物系统性保护和合理利用，助力传承中华优秀传统文化和中华民族现代文明建设。

三是为文物保护法增设检察公益诉讼条款提供实践样本。文物和文化遗产承载着中华民族的基因和血脉，是不可再生，不可替代的中华优秀文明资源。目前，全国已有22个省级人大常委会通过专项决定，明确将文物和文化遗产保护纳入检察公益诉讼新领域案件范围。此时发布典型案例，可为文物保护法修订增设检察公益诉讼条款提供生动的司法实践样本。

四是引导检察机关高质效办好每一个文物和文化遗产保护案件。2019年10月以来，全国检察机关共立案办理文物和文化遗产保护领域公益诉讼案件1.7万余件。此次筛选的8件案例从法律适用、履职标准、整改效果等方面体现了高质效办案的基本要求，有利于进一步提升全国检察机关办理文物和文化遗产保护公益诉讼案件的精准化、规范化水平，体现新时代新征程检察履职办案的价值追求。

问：此次发布的文物和文化遗产保护检察公益诉讼典型案例主要有哪些特点？

答：一是从保护对象上看，文物类型丰富、文物价值较高。此次发布的8件案例中，保护对象包括了历史建筑、革命遗址、古文物遗址、涉侨文物等，具有较高的社会价值、文化价值、科研价值和经济价值。例如，河南省范县人民检察院督促保护的晋冀鲁豫野战军指挥部旧址，是解放战争时期晋冀鲁豫野战军强渡黄河、千里跃进大别山的谋划地，在中国革命战争史上具有里程碑意义；广东省江门市新会区检察院督促保护的是涉侨文物，助力解决涉侨文物产权非国有、保护级别低、修缮资金筹集难等保护困境。

二是从监督事项上看，涉及文物常见违法情形。这批案例监督事项基本涵盖了文物和文化遗产保护中的常见违法情形。例如，安徽省望江县人民检察院督促保护褒隐寺塔行政公益诉讼案，针对的是因修缮不当造成的破坏文物风貌问题；河北文安县检察院办理的保护古城墙遗址行政公益诉讼案件中，针对的是古城墙被违法占用，建设建筑物并设置电网管线等问题。

三是从监督手段上看，坚持以“诉”的确认体现司法价值引领。针对检察机关制发检察建议后，行政机关到期未整改或整改不彻底，导致文物持续处于受损状态的情形，依法提起诉讼，确保受损文物得到及时有效保护。例如，贵州省镇远县人民检察院针对发出检察建议后行政机关以产权纠纷为由拖延整改的情况，依法提起诉讼，推动问题解决；江苏省淮安市淮安区人民检察院针对石塘镇人民政府不履行吴承恩墓文物保护职责的行为，提起行政公益诉讼，体现监督刚性。

四是从价值功能上看，体现了检察公益诉讼补位行政执法的兜底作用。检察机关办理文物和文化遗产保护领域的案件中，始终坚持行政机关维护公益的第一顺位，在行政机关穷尽行政手段仍不能弥补损失时，检察机关可通过提起民事公益诉讼，追究违法行为人责任，实现对文物的有效保护。例如，内蒙古自治区达拉特旗人民检察院诉达拉特旗A煤矿、B煤炭公司损毁文物民事公益诉讼案中，在行政机关依法履职但文物保护效能仍明显不足的情况下，检察机关启动民事公益诉讼，创新运用虚拟修缮评估方式对损害程度量化分析，诉请相关企业承担文物保护单位本体灭失的赔偿责任；新疆检察机关针对行政手段无法完全实现文物保护的情形，依法提起民事公益诉讼，确保文物得到科学修复和有效保护，凸显检察公益诉讼独特的制度价值和功能。

问：检察机关在开展文物和文化遗产保护领域公益诉讼工作中有哪些好的经验做法？

答：一是坚持同题共答、协同发力。检察机关与行政机关虽然保护文物和文化遗产的工作方式不同，但工作目的、追求效果完全一致。办案过程中，对行政机关既依法监督又协同配合。2024 年以来，最高人民检察院与国家博物馆签署战略合作框架协议，建立长期稳定的战略合作关系，在文物征集保护、联合办展、学术研究、人才培养等方面广泛开展合作。重庆市城口县和陕西省镇巴县等九县联合会签《关于建立陕苏区红色文物保护公益诉讼检察跨区域协作机制的意见》；安徽省阜阳市人民检察院与阜阳市文化旅游体育局签署《关于建立检察公益诉讼与文物和文化遗产保护协作配合机制的意见》。

二是坚持因地制宜、突出重点。立足文物和文化遗产多样性、地域性等特点，最高人民检察院指导地方检察机关结合本地特色以小专项形式开展文物和文化遗产保护行动。围绕五大国家文化公园建设，15 省检察机关积极推进长城保护检察公益诉讼工作；涉黄河省（市）检察机关强化黄河文化保护；8 省（市）检察机关开展大运河保护公益诉讼检察专项活动。为解决历史建筑保护难题，以北京、上海、天津等地为重点开展历史文化街区保护；为留住记忆和乡愁，以贵州、山西为重点推进古村落保护；为使侨胞台胞心有所属情有归处，在广东、福建等地部署开展涉侨涉台文物保护检察公益诉讼。注重保护全球重要农业文化遗产、世界灌溉工程遗产等特殊文化遗产，最高人民检察院指导浙江、江苏等地检察机关积极办理相关领域案件，传承中国特色农耕文化。

三是坚持科技赋能、智力支撑。检察机关在办案过程中，综合运用无人机航拍、卫星遥感等技术手段固定证据，如河北文安县检察院办理的保护古城墙遗址行政公益诉讼案件中，检察机关利用无人机航拍对古城墙现貌、违法点位进行测量绘图，制作现状示意图，对发现的违法点位予以精准标注，并拍摄照片 157 张，制成“文安县古城墙航拍示意图”推动案件办理。强化智力支撑，积极发挥“益心为公”志愿者检察云平台作用，充分借助“外脑”智慧，最大限度凝聚社会力量，积极打造“多方参与、共治共享”的公益检察保护新模式；深化科技赋能，运用大数据手段，最大限度释放法律监督效能。

问：下一步，检察机关将采取哪些措施推动文物和文化遗产保护领域公益诉讼工作走深走实？

答：保护文物是时代课题，下一步，检察机关将深入贯彻落实习近平法治思想和习近平文化思想，将文物和文化遗产保护检察监督置于经济社会发展大局中统筹谋划和系统推进，不断加大文物和文化遗产保护检察工作力度。

一是持续加大文物和文化遗产公益诉讼办案力度。检察机关要坚守法律监督定位，高质效办好每一个文物和文化遗产保护案件，以能动履职为文化强国建设、民族复兴伟业提供有力司法保障。

二是积极推动完善文物和文化遗产保护法治体系。检察机关将继续推动完善文物保护法、非物质文化遗产法等相关法律法规，助力文物和文化遗产保护法律体系不断完善。

三是更加注重加强文物和文化遗产保护工作协同。进一步增强文物行政执法与刑事司法、公益诉讼检察的衔接协作，联合相关部委适时出台文物和文化遗产保护方面的协作意见；做好流失文物国际追索返还工作。

四是更好发挥司法办案宣传引导作用。最高人民检察院拟于今年发布一批“文化强国”指导性案例，向全社会讲好文物保护检察故事，提升社会公众文物和文化遗产保护的法治意识，发挥文化遗产在传承民族文化、增强民族凝聚力的重要作用。

（来源：最高人民法院网站）

上海市高级人民法院发布防范当事人滥用执行异议程序规避执行十大典型案例

（2024年2月29日）

近年来，执行异议和执行异议之诉案件数量不断增长，被执行人和案外人为规避、拖延执行，滥用执行异议程序的情况时有发生。执行异议程序既关系到胜诉当事人合法权益及时兑现，也关系到案外人合法权益的保障，矛盾争议较为突出，受到社会关注度较高。

上海市高级人民法院深入贯彻习近平法治思想，按照最高人民法院工作要求，紧紧围绕“公正与效率”工作主题，发挥执行裁判工作职能，采取有力措施防范和规制滥用执行异议程序行为，切实保障人民群众合法权益。

一是坚持能动司法。树牢依法保护、均衡保护理念，加强立审执联动，规范执行行为，推动执行异议化解关口前移。注重多元解纷与执行和解，实质性化解纠纷，用最少的程序解决当事人诉求，让诉讼程序不重复、人民群众少折腾，防止“程序空转”。

二是提升审判质效。执行异议诉讼中，对涉及民间借贷、以物抵债、离婚析产、房屋买卖、股权转让等法律关系的，加大证据审查力度，合理运用证据规则，对当事人无争议的重大事项进行必要审查，防范恶意串通、虚假诉讼等行为。提升效率意识，对于案件事实清楚的依法快立快审、快裁快判，尽量减少对正常执行工作的影响。

三是强化数字赋能。通过数据场景建设和推广，推进执行大数据应用场景体系化。已研发“附长租约拍卖规避执行甄别预警”“法定代表人以变更登记诉讼逃避执行措施甄别预警”“被执行人财产不足清偿全部债务时虚假债权执行的甄别预警”等多项涉执行异议程序数字场景嵌入应用，实现类型化智能识别，有效提升防范滥用执行异议程序行为的精准度。

四是加强源头治理。开展执行异议权利和法律责任风险告知，引导当事人、案外人签署诚信诉讼承诺书，理性、正当行使救济权，避免执行异议程序成为规避、拖延执行的手段，浪费有限司法资源。对查证属实的单方虚构法律关系、捏造事实、恶意串通、伪造证据的当事人予以训诫，直至采取罚款、司法拘留，维护正常司法秩序。

此次发布的10件案例集中反映了司法实践中滥用执行异议程序规避执行的典型行为方式。这些案例中，既有虚构法律关系就执行标的主张实体权利的，也有就同一执行行为反复提出异议，还有些被执行人与案外人恶意串通、虚假诉讼，行为模式相对隐蔽，审查发现、调查取证难度较大。在审理此类案件时，需要结合常识常情常理，重点审查合同主体、交易类型、交易习惯、磋商过程、合同履行情况、履约背景等因素，准确甄别法律关系，依法保护当事人合法权益。

下一步，上海市高级人民法院将继续贯彻能动司法理念，抓实“公正与效率”，进一步强化数字赋能，加大甄别力度、规范裁判尺度，完善工作机制，防止“程序空转”，促进诚信诉讼，有效破解执行异议程序滥用问题，努力让人民群众在每一个司法案件中感受到公平正义。

目　录

案例 1　虚构租赁关系主张房屋带租拍卖的不予支持

——某公司案外人执行异议之诉案

【要点提示】

案外人虚构租赁关系对司法拍卖房产主张带租约拍卖阻碍执行的，不予支持。

【基本案情】

一审法院在执行申请执行人何某与被执行人某工贸公司、陈某、某投资公司民间借贷纠纷一案中，裁定拍卖某工贸公司名下的房产，并在淘宝网上公开进行网络司法拍卖。案外人某公司主张其在何某对房产设立抵押权之前，已与某工贸公司签订了合法有效的租赁合同并且办理了备案登记。租期为 2014 年 1 月 1 日至 2034 年 1 月 1 日，租金为每年 35 万元。故人民法院应负担租约进行拍卖。2022 年 2 月 24 日，某公司以此为由提出了案外人执行异议。

2022 年 3 月 10 日，一审法院裁定驳回了某公司的异议请求，某公司遂提起案外人执行异议之诉。经审理查明，备案的租赁合同并未实际履行，不存在真实的租赁合同关系。案外人某公司、被执行人某工贸公司以及目前实际使用房产的某化妆品公司的实际控制人均为被执行人陈某。

【裁判结果】

一审法院认为，某公司与某工贸公司签订并予以备案的房屋租赁合同长达 20 年，但年租金的金额不变，且无租金递增的约定，不符合房屋租赁市场的正常交易习惯。关于租金支付，某公司提供了一次性支付 200 万元的银行转账凭证，但付款凭证中的付款人不是某公司，而是无关的案外人，付款用途注明购房，明显与租金用途不符。关于房产的使用情况，经现场勘查，实际使用的企业名称是某化妆品公司，相应的水电费由该化妆品公司支付。据此，一审法院认定某公司并未实际支付租金，亦未在抵押权设立前实际占有使用房产，故判决驳回某公司诉讼请求。一审判决后，各方当事人均未提起上诉，一审判决已发生法律效力。

【典型意义】

强制执行过程中，案外人主张带租拍卖较为常见，是影响不动产处置的难题。带租拍卖将影响到房屋的拍卖价格，对债权人利益实现产生影响。此类案件，对租赁合同关系真实性的判断是审理的难点。本案租赁合同进行了备案，且租赁合同所载明的签订日期在设定抵押权之前，故应根据当事人提供的证据，从租金支付、房产的实际占有使用等方面审查合同的真实性及履行情况，对租赁合同关系的真实性作出准确判断，以保障债权人合法权益的顺利实现。

案例2　以离婚协议恶意串通排除执行不予支持

——赵某等案外人执行异议之诉案

【要点提示】

被执行人在负有高额债务的情况下，与配偶恶意串通订立离婚协议规避执行，不予支持。

【基本案情】

一审法院在执行申请执行人张某与被执行人朱某等股权转让纠纷一案中，于2019年6月查封了登记在朱某名下的涉案房产。2020年12月2日，该院执行机构裁定拍卖、变卖涉案房产。

案外人赵某向一审法院提出执行异议，请求中止对涉案房产的执行。主要理由是，赵某与朱某原系夫妻，于2019年3月协议离婚。离婚协议约定：涉案房产归赵某所有，按揭贷款由朱某承担等。执行机构经审查后裁定驳回赵某的异议请求，赵某不服，向一审法院提起本案诉讼。

【裁判结果】

一审法院认为，朱某在负有高额债务的情况下，将其名下房产进行抵押，有隐匿资产、逃避债务履行的主观恶意。赵某在对本案股权转让纠纷明知的情况下，在离婚协议中对于夫妻共同财产的处理，亦有协助隐匿资产、逃避债务履行的主观恶意，故认定离婚协议对于涉案房产处理的约定无效。同时酌定赵某对涉案房产享有60%的份额。赵某不服提起上诉。

二审法院认为，朱某与赵某对涉案房产的离婚协议约定，存在恶意串通、逃避债务的主观故意，依照法律规定，该约定无效。但在案外人不享有排除强制执行的民事权益的情况下，人民法院不宜在案外人执行异议之诉中，对特定的离婚后夫妻共有财产进行分割。遂改判驳回赵某全部诉讼请求。

【典型意义】

本案属于涉夫妻共同共有房屋案外人执行异议之诉的典型案例，既涉及案外人请求排除夫妻共有房屋执行的判断，也涉及案外人确权请求的审查。人民法院根据离婚协议的内容，结合债务形成时间、离婚协议签订时间、房屋查封时间等事实，认定被执行人与案外人存在恶意串通、逃避债务，损害申请执行人合法权益的情形，从而驳回案外人排除执行的请求。本案为类似案件的审理提供了借鉴思路。

案例3　对非特定化银行账户排除执行不予支持

——上海某公司案外人执行异议之诉案

【要点提示】

不同案外人先后多次以同一理由就同一执行案件中的非特定化的银行账户资金提出执行异议以拖延执行的，不予支持。

【基本案情】

上海某公司向一审法院提出诉讼请求，不得执行赵某名下中国农业银行账户并解除冻结。事实和理由是，根据生效判决赵某对债务人的债务向债权人周某某承担连带清偿责任。后周某某申请执行，一审法院冻结了赵某名下中国农业银行的账户。上海某公司主张被冻结银行账户内的资金系赵某为其代收代付的资金，该款项实际为上海某公司所有。

周某某辩称，货币是一种特殊动产，同时作为种类物，流通性系其基本属性，货币占有即所有。上海某公司此前以同样理由通过不同主体多次针对涉及赵某的执行案件提起案外人执行异议，明显存在虚假诉讼、恶意拖延执行的主观故意。

【裁判结果】

一审法院认为，货币是特殊的种类物，占有即所有是其基本原则。对于银行一般账户内的款项，应以银行账户的名称作为权属判断的基础与依据，只有在当事人以特户、封金、保证金等形式将账户特定化的情况下，符合法定专用账户构成要件及阻却执行条件的，才能排除对该账户的执行。上海某公司诉称赵某账户内资金系公司对外业务款项，但其所提供的证据不能证明该账户资金能够特定化，能够与被执行人的其他资金相区分。一审法院判决驳回上海某公司的诉讼请求。上海某公司不服，提起上诉。二审法院驳回上诉，维持原判。

【典型意义】

在涉及赵某的执行案件中，一审法院已受理多起案外人执行异议申请，虽申请主体名称不同，但代理人相同，理由也均是主张被冻结银行账户内资金为案外人所有，请求排除执行、解除冻结。由此可见，案外人明显具有滥用执行异议程序拖延、规避执行的主观故意。一审法院受理该案后，在保证程序完整的前提下，高效完成案件审理，依法驳回原告诉讼请求，并对原告进行了训诫。此后，未有其他案外人再就本案提起案外人执行异议。

案例4　严重违背常理的二手车交易排除执行不予支持

——沈某达案外人执行异议之诉案

【要点提示】

案外人明知沪牌无法自行过户仍购入数十辆二手车企图规避执行的，不予支持。

【基本案情】

2021年6月25日，一审法院作出民事判决判令某鲜公司支付闳某公司货款340余万元并支付利息。后闳某公司向一审法院申请强制执行，该院对登记在某鲜公司名下的49台沪牌案涉车辆正式查封。

2021年3月至5月，芙某公司、旺某公司和某鲜公司签订多份协议书，约定某鲜公司将案涉车辆49台卖给芙某公司、旺某公司。某鲜公司不对车辆质量作任何保证，且无义务配合办理车牌过户；车牌如被收回，不承担任何赔偿责任。

2021年5月18日，芙某公司、旺某公司与原告沈某达签订《二手车购车协议书》，约定将案涉49台车辆出售给原告沈某达，以上车辆总售价245万元（含税），每辆均为5万元（含税），出售方不对车辆质量作任何保证。

原告沈某达向一审法院提起本案诉讼：请求判决不得执行案涉车

辆，确认其为涉案车辆的所有权人，解除对涉案车辆的查封。

【裁判结果】

本案中，原告支付的款项无法与具体车辆、合同签订时间相对应。部分款项系支付给芙某公司的法定代表人薛某洋。芙某公司亦当庭陈述支付给某鲜公司的钱款无法对应具体车辆。故一审法院认为，难以确认原告为案涉车辆所有权人，判决驳回原告全部诉讼请求。原告沈某达不服，提起上诉。二审法院驳回上诉，维持原判。

【典型意义】

交易是否真实应结合交易习惯、市场交易规则、合同约定、资金支付情况、合同双方的关系、是否明知被执行人存在大量债务等因素综合判断。在二手车交易中，买受人明知沪牌车辆无法自行过户且质量无任何保证的情况下，仍大量交易，显然违背正常市场交易常理，可以认定行为人具有协助逃避执行的主观故意。行为人与相对人恶意串通的交易行为，应认定为无效。

案例 5　债务人恶意变更生效裁判确定的次债务人的不予支持

——上海某装饰工程公司等案外人执行异议案

【要点提示】

被执行人在自身负有未清偿债务的情况下，变更生效判决确定的次债务人以规避执行，不予支持。

【基本案情】

上海某建设公司与林某某建设工程施工合同纠纷一案，一审法院生效民事判决书判令林某某支付上海某建设公司垫付款 507 万元及利息等。后上海某建设公司向一审法院申请执行。执行中，因被执行人林某某经生效法律文书确认对上海某装饰工程公司享有到期债权，一审法院向上海某装饰工程公司发出履行到期债务通知。

上海某装饰工程公司提出异议称，该到期债权不存在，被执行人林某某、袁某及上海某装饰工程公司法定代表人苏某某已另行签订《会谈备忘录》，约定由袁某向林某某支付 142 万余元。

【裁判结果】

一审法院认为，林某某明知自身负有未清偿债务的情况下，将生效法律文书确定的履行债务人变更为案外人，显然存在规避执行、逃避债务的主观故意。遂裁定驳回上海某装饰工程公司异议请求。异议人不服提起复议，复议法院驳回复议申请，维持异议裁定。

【典型意义】

到期债权执行有助于提升执行效率。但实践中，可能存在次债务人滥用异议程序的情形。本案即被执行人和次债务人以协议变更经生效法律文书确认的债权，逃避执行。异议人上海某装饰工程公司主张变更生效法律文书确定的义务，并以此否认其对被执行人林某某应履行到期债务，存在逃避债务的主观故意，依法不应支持。

案例6　追加变更程序中股东擅自转让股权仍应对公司债务承担责任

——洪某某等追加、变更被执行人异议之诉案

【要点提示】

一人有限责任公司股东在追加变更诉讼案件审理中，擅自转让股权以逃避债务，仍应对公司债务承担责任。

【基本案情】

申请执行人洪某某与被执行人某劳务公司劳动争议一案，上海市某区劳动人事争议仲裁委员会作出生效调解书，确认某劳务公司一次性支付洪某某工伤待遇等15万元。因某劳务公司未履行义务，洪某某向一审法院申请执行。执行中，一审法院裁定终结本次执行程序。洪某某向该院申请追加某劳务公司的一人股东林某某为被执行人。该院于2021年12月16日作出执行裁定，驳回洪某某的追加申请。洪某某遂提起追加、变更被执行人异议之诉。

案件审理中，某劳务公司未能提交经会计师事务所审计的每一会计年度终了时编制的财务会计报告。某劳务公司于2020年10月20日成立，公司类型为一人公司，林某某于2020年10月20日至2021年12月21日系某劳务公司的一人股东。2021年12月22日，某劳务公司股东由林某某变更为温某。

【裁判结果】

林某某虽然将持有的某劳务公司的股权转让给温某，已不再具备劳

务公司股东的身份，但是其转让股权的行为发生在某劳务公司对洪某某的债务形成之后，并且是在洪某某申请追加其为被执行人案件审理期间。林某某也未将股权转让的情况主动告知执行法院和申请执行人洪某某。故一审法院判决追加林某某为被执行人，对某劳务公司尚未履行的债务承担连带清偿责任。林某某不服，提起上诉。二审法院驳回上诉，维持原判。

【典型意义】

股东不得以转让股权的方式逃避债务、损害公司债权人的利益。在执行程序中追加公司原股东为被执行人，是对执行依据责任主体的扩张。林某某的股权转让行为明显具有逃避执行的主观故意，故即便其已不再是某劳务公司股东，在其不能证明作为一人股东期间个人财产与公司财产相互独立的情况下，仍应对劳务公司的债务向洪某某承担连带责任。本案对于在追加、变更程序中恶意转让股权，逃避债务的类似案件审理有一定参考价值。

案例 7　就同一执行行为反复提出执行异议应予驳回

——苏某、陈某执行行为异议案

【要点提示】

被执行人及其配偶先后就同一司法拍卖行为连续多次提出执行异议以拖延执行，依法予以驳回。

【基本案情】

一审法院于 2017 年 9 月 12 日就季某、曹某诉苏某民间借贷纠纷一案出具民事调解书，确认苏某应归还季某、曹某借款本金及利息。因苏某未履行民事调解书确定的义务，执行机构于2018年3月5日受理季某、曹某的执行申请，并查封系争房屋，后作出评估拍卖执行裁定，张贴拍卖公告。

苏某于2022年、2023年先后多次向人民法院提出执行异议，请求中止对系争房屋的拍卖。人民法院均裁定驳回苏某的异议申请。苏某的配偶陈某亦于2019年、2023年先后就系争房屋拍卖的执行行为提出异议，请求中止对系争房屋的拍卖。人民法院亦驳回陈某的异议申请。

2023年5月，苏某、陈某再次以相同理由共同对拍卖系争房屋的执行行为提出执行异议。

【裁判结果】

收到执行异议申请后，人民法院在15日内作出执行裁定，驳回异议人苏某、陈某的异议申请。异议人苏某、陈某不服，申请复议。复议法院驳回苏某、陈某的复议申请，维持异议裁定。

【典型意义】

实践中，一些被执行人、利害关系人多次提出中止执行的异议。在没有证据证明其异议理由成立的情况下，被执行人、利害关系人多次以相同理由提出执行异议，明显具有滥用异议程序拖延执行、对抗司法拍卖的主观故意，依法应不予受理，已经受理的裁定驳回申请。

案例8　公证债权文书中超法定标准的违约金部分不予执行

——风某公司与王某、金某公司执行异议之诉案

【要点提示】

担保人以违约金超过法定标准为由，向人民法院申请不予执行全部公证债权文书，人民法院可裁定超过法定标准部分不予执行，其他合法债权应予执行。

【基本案情】

王某（债权人）、金某公司（债务人）和风某公司（担保人）签订借款抵押合同，约定：借款金额为2000万元；借款期限为2009年4月29日至同年7月28日；利息为银行同期贷款利率的四倍计算……逾期还款，除应向出借人归还本金外，还应向出借人支付违约金（逾期违约费）。该借款抵押合同经上海市某区公证处出具《具有强制执行效力的债权文书公证书》《执行证书》。

原告风某公司提出诉请，请求不予执行公证债权文书。理由是借款抵押合同中约定的违约金远高于法律规定的上限，其并未同意通过公证的方式赋予强制执行效力。被告王某辩称，法律仅对借款利率有限制性规定，对逾期违约金则无相关规定。借款抵押合同中关于争议解决已明确约定，风某公司作为抵押人接受依法强制执行。

【裁判结果】

一审法院认为，风某公司自愿为借款合同提供担保并在借款抵押合

同上签章，同意接受强制执行。关于违约金（逾期违约费）金额，经折算已超出了银行同类贷款利率的四倍，故对符合法律规定部分的债权应予执行，对于超出部分不予支持。一审法院判决，对《具有强制执行效力的债权文书公证书》及《执行证书》中违约金（逾期违约费）超出银行同类贷款利率的四倍的部分不予执行。一审判决后，各方当事人均未提起上诉，一审判决已发生法律效力。

【典型意义】

本案涉及对于约定逾期违约金过高的公证债权文书是否全部不予执行。一审法院贯彻能动司法理念，在尊重当事人合意的同时，一方面防范当事人滥用申请不予执行公证债权文书程序拖延执行，另一方面综合法律事实与法律强制性规定对确有错误的公证债权文书进行审查和纠正。本案参照适用民间借贷利息上限的相关规定，严格把握人民法院实体审查的范围，仅对超出法定上限部分的违约金不予执行，而非全盘否定基础借贷和担保关系，为同类型执行裁判案件积累了有益经验。

案例 9　以“阴阳合同”规避执行的依法予以罚款

——徐某执行异议案

【要点提示】

案外人与房屋共有人相互通谋以“阴阳合同”隐瞒房屋真实交易价格，规避执行被处以罚款。

【基本案情】

一审法院就廖某非法吸收公众存款罪一案作出的刑事判决书已发生

法律效力，判决对廖某判处有期徒刑并处罚金，同时判决廖某退缴违法所得发还集资参与人，不足部分继续退赔。该案涉及集资参与者百余人，后移送立案执行。原刑事案件侦查过程中，公安机关查封了位于上海市某区的系争房产。执行过程中，异议人徐某主张已经实际购买了该系争房产，支付了全额房款1410万元，且已实际占有房屋，请求排除对系争房产的执行。

审查中，徐某提交了一份经备案的上海市房地产买卖合同，合同约定房屋成交价为1300万元，徐某称多支付部分系用于缴税和支付中介费用。但经人民法院与系争房产所在区域的数个房产中介公司询价比较，发现所在小区的同类房屋成交价明显高于1300万元。据此，有理由怀疑徐某与被执行人等恶意串通，隐瞒系争房产的真实交易价格。一审法院在庭审中以交叉询问等方式进一步查证真实价格，并告知徐某等当事人恶意隐瞒真实价格的法律后果。徐某经法庭释明与告知后，承认确实另有一份补充协议，真实交易价格为2095万元，尚有685万元未实际支付。隐瞒的主要原因是与被执行人及其配偶协商，留下部分房款作为生活费用，对方迟延过户的违约行为也给其造成损失，故想先行抵扣。

【裁判结果】

一审法院要求徐某限期将系争房产的尾款685万元交付至人民法院指定账户，同时对徐某以及廖某的配偶陈某（系廖某诉讼代理人、系争房产共有人）分别处以罚款5万元和10万元。在徐某及时交付剩余房款685万元后，一审法院裁定中止对系争房产的执行。各方当事人均未提起复议，异议裁定已发生法律效力。

【典型意义】

一审法院并未由于异议人、被执行人对系争房产交易过程的口径一致而忽略对交易细节的实体审查。一审法院以审慎查明事实为原则，通过征询第三方房产市场价格、交叉审查等多种方式，最终查明交易事实的真相，在保障大量被害人的合法权益的同时，兼顾房屋买受人的利益，实质化解了被害人与案外人的利益冲突及矛盾。同时，对于当事人隐瞒、规避行为依法作出罚款决定，维护了司法秩序与法律权威。

案例10　提供伪证规避执行的依法予以罚款

——季某等其他执行异议之诉案

【要点提示】

案外人在执行异议程序中提供伪证以规避执行，被处以罚款。

【基本案情】

原告张某某系申请执行人，被告季某是该执行案件的被执行人之一。季某与其母亲共同共有位于上海市某区的一处房屋。后原告张某某以季某无其他可供执行财产，而季某与其母亲又怠于分割上述涉案房屋的产权份额为由，向一审法院提起债权人代位析产诉讼，请求确认季某与其母亲各占有涉案房屋50%的产权份额。

在案件审理中，被告季某当庭提交了一份其与母亲签订的关于涉案房屋产权份额分割的协议，其中载明，季某对该房屋产权占比1%，其母亲占比99%，该协议落款日期为2004年7月16日。季某提供的协议原件纸张很新，且季某与其母亲签名的字迹和所摁指印也明显属近期形成。法庭发现异常后，反复多次询问并告知作伪证的法律后果，后被告季某当庭承认该份协议实际签订日期在2019年而非2004年。因其与原告张某某在产生相关借贷纠纷之后，为了避免涉案房屋被执行，保留母亲唯一的住所，故倒签了该份协议。其母亲因年事已高，是在并不了解相关案件情况下，根据季某的要求签署了协议。季某当庭承认错误并表示悔过。

【裁判结果】

该份伪证足以影响对案件的事实查明及审判结果。鉴于尚未造成严重后果，被告季某能当庭承认提供伪证的事实且认错态度较好，人民法院对季某提供伪证的行为作出罚款5000元的决定。季某表示诚恳接受，并按规定期限全额缴纳了罚款。上述诉讼案件因被告季某及其母亲均认可原告张某某的诉请，故原告张某某申请对本案撤回起诉，一审法院裁定准予原告撤回起诉。

【典型意义】

部分被执行人出于拖延、逃避执行目的，通过滥用执行救济权利，并采用提供伪证或串通他人提供伪证等方式，对司法秩序和司法公信力造成了冲击。为切实维护司法权威公信，在执行异议和异议之诉案件办理中需严格运用证据规则，对于故意作虚假陈述或伪造证据，法官除对该证据不予采信外，还应依法予以处罚。

新类型疑难案例选评

某内科诊所诉温州市瓯海区市场监督管理局行政处罚案

戴雯雯*

【裁判要旨】

储存药品行为是药品使用的一个环节，与采购等行为共同构成药品的使用。当在行政处罚案件中发生法律价值冲突时，应首先确保法律价值的实现符合基本价值优先的原则，同时尽可能考虑减少对其他价值的损害。

【基本案情】

原告：温州市瓯海区某内科诊所；

被告：温州市瓯海区市场监督管理局。

2021 年 9 月 7 日，温州市瓯海区卫生健康局执法人员对原告处进行检查，发现在原告的处置室内木药柜“不合格药品”摆放区摆放了

* 作者单位：浙江省温州市瓯海区人民法院。

盐酸利多卡因注射液（批号：1908J21）23 支，有效期至 2021 年 7 月，盐酸利多卡因注射液（批号：1906J07）3 支，有效期至 2021 年 5 月；在原告处置室药柜顶部的急救药品存放箱子里摆放了硫酸镁注射液（批号：1B190826103）一盒共 5 支，与其他急救药品混放，其有效期至 2021 年 7 月；在原告的治疗室最里面的铁架下数上第一层“不合格药品”摆放区摆放了维 D2 果糖酸钙注射液（批号：190807）四盒共 40 支，有效期至 2021 年 7 月。同日，温州市瓯海区卫生健康局执法人员对前述药品进行了先行登记保存，并将案件移送被告进行处理。被告于 2021 年 11 月 17 日立案查处。同日，被告对前述药品进行扣押。经过调查，被告作出《行政处罚决定书》（温瓯市监处罚字〔2022〕150 号），对原告在处置室药柜顶部的急救药品存放箱子里与其他急救药品混放已经超过有效期限的硫酸镁注射液（批号：1B190826103）一盒共 5 支的行为进行处罚。原告向被告提交药物购进票据显示，原告于 2020 年 11 月 25 日从浙江某医药有限公司购入一盒 5 支硫酸镁注射液（有效期至 2021 年 7 月），购买的价格为每支 2.038 元即每盒 10.19 元，零售价格是每支 5.78 元即每盒 28.9 元。被诉处罚决定认定原告使用劣药，决定：（1）没收违法使用的劣药；（2）罚款人民币 10 万元。原告不服，提起本案诉讼要求撤销被诉处罚决定并责令作出不予行政处罚决定。

【裁判结果】

浙江省温州市瓯海区人民法院审理认为，储存药品行为是药品使用的一个环节，与采购等行为共同构成药品的使用。原告将过期药品储存放置在急救箱内应按使用过期药品论处，该行为违反药品管理法相关规定，应予以处罚，被告作出被诉决定书事实认定清楚，适用法律、法规正确，符合法定程序，故判决驳回原告的诉讼请求。判决后，原告未提起上诉。

［评析］

行政处罚案件中应遵循基本价值优先原则

随着毒胶囊、不合格疫苗等事件不断出现，用药安全已经成为全民关注的民生热点。在涉及重大民生案件中发生法律实践价值冲突时，应适用相应原则予以解决，均衡公共利益保护与个人权利损害。结合案件争议焦点，笔者作如下分析。

一是储存过期药品能否按照使用劣药予以处罚。药品从生产到消费领域的流通过程中经过多次停留而形成的储备，是药品流通过程中必不可少的重要环节，与采购等行为共同构成药品的使用。根据《药品管理法》第九十八条第三款第五项及《浙江省医疗机构药品和医疗器械使用监督管理办法》第二条规定，将过期药品放置在急救箱应按照使用劣药进行处罚。

二是被告作出的处罚是否适当。在行政法上解决法律实践价值冲突的原则有多种，如价值位阶原则、比例原则、个案平衡原则等。价值位阶原则是指在不同价值发生冲突时，根据价值的重要性进行排序，优先保护位阶更高的价值。这一原则为解决价值冲突提供了明确的指导，避免了主观臆断和随意取舍。比例原则指行政机关实施行政行为应兼顾行政目标的实现和保护相对人的权益，如果为了实现行政目标可能对相对人权益造成某种不利影响，应使这种不利影响限制在尽可能小的范围，使二者处于适度的比例。价值位阶原则关注不同价值之间的位阶排序，确定优先保护的对象。而比例原则强调在实现公共利益时尽量减少对个人权利的损害，其核心在于权衡利弊，确保公共利益与个人权利之间保持合理的比例。两个原则在解决法律价值冲突时各有侧重点，并不直接冲突。价值位阶原则为解决不同位阶的价值冲突提供了基本的框架，比例原则则是在同一或不同位阶的价值之间发生冲突时，为保护较高价值的法益而采取的更为细致的平衡原则。2019 年修订之前的药品管理法均规定了处罚标准系药品货值金额一倍以上三倍以下的罚款。而 2019 年修订的药品管理法将处罚的标准提高至药品货值金额十倍以上二十倍以下。从法条的变革可知，鉴于药品的特殊性，国家对生产、使用劣药行为的处罚规定有明显从重处理的立法目的。涉案医疗机构作为药品使用的终端环节，承担着保障人民群众生命健康的光荣使命和重大责任，但其未能严格按照法律法规的规定对药品使用规范管理，对不特定患者的身体健康造成极大隐患，本着保护人身生命健康的法益应当处于更高的法律位阶的原则，被告按照药品管理法规定的处罚标准，作出处货值金额十倍以上二十倍以下的处罚决定并无不当。

三是关于原告是否存在可被减免处罚的情形。行政处罚法鼓励行政相对人自觉纠错、主动消除违法影响、减轻危害后果，更提出“首违不罚”“主观无过错不罚”。结合《浙江省医疗机构药品和医疗器械使用监督管理办法》关于药品管理的规定，原告将过期药物与其他急救药品混合放置在急救药品存放箱子里，不能排除原告处的医疗工作者继续使用该过期药品的可能性，原告没有在规定的时间内对药品进行检查并处理，主观过错明显。急救箱不同于一般药品柜，原告的行为对不特定患者的身体健康造成安全风险更高。且结合药品管理法禁止生产、销售、使用假药、劣药所需要保护的法益来评判，原告的行为不属于不予处罚的情形。行政处罚法对从轻或者减轻处罚亦作了相应的规定，《浙江省食品药品行政处罚自由裁量指导意见（试行）》（浙食药监规〔2016〕13 号）更是对自由裁量作了细化的指导，原告提出从轻或者减轻的理由均不充分，被告在充分运用价值位阶原则的基础上兼顾比例原则的适用，在处罚区间内已作从轻处罚处理。

药品与人民群众生命健康密切相关，只有严格加强药品使用的监督管理，才能切实保障人民群众的用药安全，满足人民群众对美好生活的新期待。

最新法律文件解读丛书

稿　　约

最新法律文件解读丛书是一套以为最新法律规范提供同步"解读"为主的系列丛书，分为刑事、民事、商事、行政与执行4个分册，按月出版。

本丛书以"解读"为重点，突出全、专、新、快、准等特点，通过对最新出台的法律、法规、司法解释、部门规章以及重要地方性法规进行同步动态解读，弥补了法律、法规、司法解释汇编类出版物没有同步阐释、解读内容的不足，为广大读者学习理解最新法律规范，正确贯彻执行法律文件，及时解决实践中的新情况、新问题，提供一个全方位、多层面的法律信息平台。

欢迎您向以下栏目赐稿：

【最新法律文件解读】主要是对最新颁行的法律文件进行解读，帮助司法和执法人员正确理解法律文件的立法背景、意义、重点内容、在适用中应注意的问题、与相关法律文件的衔接与互动关系等。

【司法实务问题研究】主要刊登对司法理论、实务及司法管理工作中的热点、疑难问题进行研究及评论的文章。

【新类型疑难案例选评】主要是对司法和行政执法实践中具有典型性和代表性的疑难案例，结合具体案情以及审理或处理结果进行简练精辟的点评，解析认识问题的方法、处理问题的法律依据和在个案中的具体适用。

【法学前沿与新视点】以摘要的形式刊登相关法学理论研究的最新动态及具有代表性和典型性的前沿问题，扩展法学研究的深度和广度。

【法律适用问题解答】主要针对司法和行政执法实践中面临的新问题、热点问题、疑难问题进行简要的解答，指出涉及的法律关系，明确法律适用依据。

稿件一经刊用即付稿酬，稿酬从优。

《刑事法律文件解读》　杨晓燕　邮箱：5184621@qq.com

《民事法律文件解读》　杨　洁　邮箱：1216921515@qq.com

《商事法律文件解读》　路建华　邮箱：shangshijiedu@126.com

《行政与执行法律文件解读》　丁寒峨　邮箱：1290312696@qq.com

人民法院出版社

最新法律文件解读丛书编辑部